LES SERMENS

INDISCRETS,

C O M E D I E.

LES
SERMENS
INDISCRETS,
COMEDIE
DE M^r. DE MARIVAUX.

Repréfentée par les Comediens François,
au mois de Juin 1732.

Le prix eft de Vingt-quatre fols.

A PARIS;

Chez PIERRE PRAULT, Quay de
Gêvres, au Paradis.

M. DCC. XXXII.

Avec Approbation & Privilege du Roy.

AVERTISSEMENT.

IL s'agit ici de deux Personnes qu'on a
destinées l'une à l'autre, qui ne se con-
noissent point, & qui en secret, ont un égal
éloignement pour le mariage ; elles ont
pourtant consenti à s'épouser, mais seulement par respect pour leurs Peres, &
dans la pensée que leur mariage ne se fera
point. Le motif sur lequel elles l'esperent,
c'est que Damis & Lucile (c'est ainsi qu'elles s'appellent) entendent dire beaucoup
de bien l'un de l'autre, & qu'on leur
donne un caractere extremement raisonnable ; & de-là chacun d'eux conclut qu'en
avoüant franchement ses dispositions à l'autre, cet autre aidera lui-même à le tirer
d'embarras.

Là-dessus, Damis part de l'endroit où
il étoit, arrive où se doit faire le mariage,
demande à parler en particulier à Lucile,
& ne trouve que Lisette sa suivante, à
qui il ouvre son cœur, pendant que Lucile
enfermée dans un Cabinet voisin, entend
tout ce qu'il dit, & se sent interieurement
piquée de toute l'indifference que Damis
promet de conserver en la voyant. Lisette
lui recommande de tenir sa parole, lui dit
de prendre garde à lui, parce que sa Maî-

treſſe eſt aimable ; Damis ne s'en épou-
vante pas davantage , & porte l'intrepidité
juſqu'à defier le pouvoir de ſes charmes.

Lucile de ſon Cabinet écoute impatiem-
ment ce diſcours , & dans le dépit qu'elle
en a & qui l'émeut ſans qu'elle s'en apper-
çoive , elle ſort du Cabinet , ſe montre
tout à coup pour venir ſe réjoüir avec Damis de l'heureux accord de leurs ſentimens,
à ce qu'elle dit ; mais en effet pour eſſayer
de ſe venger de ſa confiance , ſans qu'elle
ſe doute de ce mouvement d'amour propre qui la conduit. Or , comme il n'y a
pas loin de prendre de l'amour , à vouloir en
donner ſoi même ; ſon cœur commence par
être la dupe de ſon projet de vengean-
ce. Liſette qui s'aperçoit du danger où ſa
vanité l'expoſe , & qui a interér que Lucile
ne ſe marie pas , interrompt la converſation
de Damis & de ſa Maïtreſſe , & profitant
du dépit de Lucile , elle l'engage par
raiſon de fierté même , à jurer qu'elle n'é-
pouſera jamais Damis , & à exiger qu'il
jure à ſon tour de n'être jamais à elle ;
ce qu'il eſt obligé de promettre auſſi ,
quoiqu'il ait reſté fort interdit à la vûë
de Lucile , & qu'il ſoit très-fâché de tout
ce qu'il a dit avant que de l'avoir vûë.

C'eſt de-là que part toute cette Comedie;
Lucile en quitant Damis , ſe repent de la
promeſſe qu'elle a exigée de luy , parce que

fon dépit avec ce qu'il a d'aimable, lui
a déja troublé le cœur; ce qu'elle mani-
feſte en deux mots à la fin du premier
Acte. Damis, de ſon côté, eſt au deſeſpoir,
& de l'éloignement qu'il croit que Lucile
a pour lui, & de l'injure qu'il lui a faite
par l'imprudence de ſes diſcours avec Liſette.

Voilà donc Lucile & Damis qui s'aiment à la fin du premier Acte, ou qui
du moins ont déja du penchant l'un pour
l'autre. Liés tous deux par la convention
de ne point s'épouſer, comment feront-ils
pour cacher leur amour? Comment feront-
ils pour ſe l'aprendre? car ces deux choſes là
vont ſe trouver dans tout ce qu'ils diront.
Lucile ſera trop fiere pour paroître ſenſible; trop ſenſible pour n'être pas em-
barraſſée de ſa fierté. Damis qui ſe croit
haï, ſera trop tendre pour bien contrefaire l'indifferent, & trop honnête homme
pour manquer de parole à Lucile, qui n'a
contre ſon amour que ſa probité pour reſ-
ſource. Ils ſentent bien leur amour, ils n'en
font point de myſtere avec eux-mêmes,
comment s'en inſtruiront-ils mutuellement
après leurs conventions? comment feront-
ils pour obſerver & pour trahir en même
tems les meſures qu'ils doivent prendre
contre leur mariage? c'eſt-là ce qui fait
tout le ſujet des quatre autres Actes.

On a pourtant dit que cette Comedie-

AVERTISSEMENT.

ci, reſſembloit à la Supriſe de l'Amour, &
j'en conviendrois franchement, ſi je le ſen-
tois; mais j'y vois une ſi grande difference,
que je n'en imagine pas de plus marquée
en fait de ſentiment.

Dans la Surpriſe de l'Amour, il s'agit
de deux Perſonnes qui s'aiment pendant
toute la Piece, mais qui n'en ſçavent rien
eux-mêmes, & qui n'ouvrent les yeux
qu'à la derniere Scene.

Dans cette Piece-ci, il eſt queſtion de
deux Perſonnes qui s'aiment d'abord, &
qui le ſçavent, mais qui ſe ſont engagées de
n'en rien témoigner, & qui paſſent leur
tems à luter contre la difficulté de garder
leur parole en la violant; ce qui eſt une
autre eſpece de ſituation, qui n'a aucun
rapport avec celle des Amans de la Surpriſe de l'Amour; les derniers encore une
fois, ignorent l'état de leur cœur, & ſont
le joüet du ſentiment qu'ils ne ſoupçon-
nent point en eux, c'eſt-là ce qui fait
le plaiſant d'un Spectacle qu'ils donnent;
les autres, au contraire, ſçavent ce qui
ſe paſſe en eux, mais ne voudroient ni le
cacher ni le dire, & aſſurément je ne vois
rien là dedans qui ſe reſſemble; il eſt vray
que dans l'une & l'autre ſituation, tout
ſe paſſe dans le cœur, mais ce cœur a
bien des ſortes de ſentimens, & le portrait de l'un ne fait pas le Portrait de
l'autre.

AVERTISSEMENT.

Pourquoi donc dit-on que les deux Pieces se ressemblent; en voici la raison, je pense; c'est qu'on y a vû le même genre de conversation & de style; c'est que ce sont des mouvemens de cœur dans les deux Pieces; & cela leur donne un air d'uniformité qui fait qu'on s'y trompe.

A l'égard du genre de stile & de conversation, je conviens qu'il est le même que celui de la Surprise de l'Amour & de quelques autres Pieces, mais je nai pas crû pour cela me repeter en l'employant encore ici; ce n'est pas moi que j'ai voulu copier, c'est la nature, c'est le ton de la conversation en general que j'ai tâché de prendre; ce ton là a plû extrèmement & plaît encore dans les autres Pieces, comme singulier, je crois; mais mon dessein étoit qu'il plût comme naturel, & c'est peut-être parce qu'il l'est effectivement, qu'on le croit singulier, & que regardé comme tel, on me reproche d'en user toûjours.

On est accoûtumé au style des Auteurs; car ils en ont un qui leur est particulier; on n'écrit presque jamais comme on parle, la composition donne un autre tour à l'esprit, c'est par-tout un goût d'idées pensées & reflechies dont on ne sent point l'uniformité, parce qu'on l'a reçû & qu'on y est fait; mais si par hazard vous quittez ce style, &

AVERTISSEMENT.

que vous portiez le langage des hommes dans un Ouvrage, & fur tout dans une Comedie, il eſt ſûr que vous ſerez d'abord remarqué ; & ſi vous plaiſez, vous plaiſez beaucoup, d'autant plus que vous paroiſſez nouveau ; mais revenez-y ſouvent, ce langage des hommes ne vous réüſſira plus, car on ne l'a pas remarqué comme tel, mais ſimplement comme le vôtre, & on croira que vous vous repetez.

Je ne dis pas que ceci me ſoit arrivé; il eſt vrai que j'ai tâché de ſaiſir le langage des converſations, & la tournure des idées familieres & variées qui y viennent, mais je ne me flatte pas d'y être parvenu ; j'ajouterai ſeulement là-deſſus, qu'entre gens d'eſprit, les converſations dans le monde ſont plus vives qu'on ne penſe, & que tout ce qu'un Auteur pourroit faire pour les imiter n'aprochera jamais du feu, & de la naïveté fine & ſubite qu'ils y mettent.

Au reſte, la repreſentation de cette Piecce-ci n'a pas été achevée : elle demande de l'attention, il y avoit beaucoup de monde ; & bien des gens ont prétendu qu'il y avoit une cabale pour la faire tomber : mais je n'en crois rien, elle eſt d'un genre dont la ſimplicité auroit pû toute ſeule lui tenir lieu de cabale, ſur tout dans le tumulte d'une premiere repréſentation ; & d'ailleurs,

AVERTISSEMENT.

je ne fuppoferai jamais qu'il y ait des Hommes capables de n'aller à un Spectacle que
pour y livrer une honteufe guerre à un Ouvrage fait pour les amufer. Non, c'eft la
Piece même qui ne plut pas ce jour-là:
Prefqu'aucune des miennes n'a bien pris
d'abord ; leur fuccès n'eft venu que dans
la fuite, & je l'aime bien autant, venu de
cette maniere là. Que fçait-on ? peut-
être en arrivera-t'il de celle-ci comme des
autres ; déja elle a fait plaifir à la feconde
Repréfentation, on l'a applaudie à la troi-
fiéme, enfuite on lui a donné des éloges ;
& on m'a dit qu'elle avoit toûjours continué d'être bien reçûë par un nombre de
Spectateurs, affez mediocre il eft vrai : mais
auffi a-t-elle été prefque toûjours reprefen-
tée dans des jours peu favorables aux Spectacles.

LES

LES SERMENS
INDISCRETS,
COMEDIE.

ACTEURS.

LUCILE, Fille de Monsieur Orgon.

PHENICE, Sœur de Lucile.

DAMIS, Fils de Monsieur Ergaste ; Amant de Lucile.

M. ERGASTE, Pere de Damis.

M. ORGON, Pere de Lucile & de Phenice.

LISETTE, Suivante de Lucile.

FRONTAIN, Valet de Damis.

UN DOMESTIQUE.

La Scene est à une Maison de Campagne.

LES
SERMENS
INDISCRETS,
COMEDIE. ·

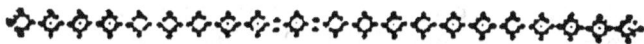

◈◇◇◇◇◇◇◇◈:◇:◇◇◇◇◇◇◇◈

ACTE PREMIER.
· SCENE PREMIERE.

LUCILE *eft affife à une table, & plie une Lettre;*
un Laquais eft devant elle, à qui elle dit:

LUCILE.

Q U'O N aille dire à Lifette qu'elle
vienne.
[*Le Laquais part.*]
[*Elle fe leve.*]
Damis feroit un étrange homme, fi
cette Lettre-ci ne rompt pas le pro-
jet qu'on fait de nous marier.
[*Lifette entre.*]
A ij

SCENE II.

LUCILE, LISETTE.

LUCILE.

AH! te voilà, Lisette, approche ; Je viens
d'apprendre que Damis est arrivé hier de
Paris, qu'il est actuellement chez son Pere ; & voici
une Lettre qu'il faut que tu lui rendes, en vertu de
laquelle j'espere que je ne l'épouserai point.

LISETTE.

Quoi ! cette idée là vous dure encore ? Non,
Madame, je ne ferai point votre messáge ; Damis
est l'Epoux qu'on vous destine ; vous y avez consenti ; tout le monde est d'accord : entre une Epouse
& vous, il n'y a plus qu'une syllabe de difference,
& je ne rendrai point votre Lettre : vous avez promis de vous marier.

LUCILE.

Oüi par complaisance pour mon Pere, il est vrai;
mais y songe-t-il ? Qu'est-ce que c'est qu'un Mariage comme celui-là ? Ne faudroit-il pas être folle,
pour épouser un homme dont le caractere m'est
tout-à-fait inconnu ? D'ailleurs, ne sçais-tu pas
mes sentimens ? Je ne veux point être mariée si-tôt,
& ne le serai peut-être jamais.

LISETTE.

Vous ? Avec ces yeux là ? Je vous en défie, Madame.

LUCILE.

Quel raisonnement ! est-ce que des yeux déci-
dent de quelque chose ?

LISETTE.

Sans difficulté ; les vôtres vous condamnent à

vivre en compagnie, par exemple. Examinez-vous ;
vous ne sçavez pas les difficultés de l'état austere
que vous embrassez ; il faut avoir le cœur bien fru-
gal pour le soûtenir : c'est une espece de Solitaire
qu'une Fille, & votre phisionomie n'annonce point
de vocation pour cette vie là.

LUCILE.

Oh! ma phisionomie ne sçait ce qu'elle dit ; je
sens un fond de delicatesse & de goût, qui seroit
toûjours choqué dans le mariage, & je n'y serois
pas heureuse.

LISETTE.

Bagatelle ! Il ne faut que deux ou trois mois de
commerce avec un Mari pour expedier votre dé-
licatesse : allez, déchirez votre Lettre.

LUCILE.

Je te dis que mon parti est pris, & je veux que
tu la portes. Est-ce que tu crois que je me pique
d'être plus indifferente qu'une autre ? non, je ne me
vante point de cela, & j'aurois tort de le faire, car
j'ai l'ame tendre, quoique naturellement vertueuse :
& voilà pourquoi le mariage seroit une très-mau-
-vaise condition pour moi. Une ame tendre est dou-
-ce ; elle a des sentimens, elle en demande ; elle
a besoin d'être aimée, parce qu'elle aime : & une
ame de cette espece-là entre les mains d'un Mari,
n'a jamais son nécessaire.

LISETTE.

Oh ! dame, ce nécessaire-là est d'une grande dé-
pense, & le cœur d'un Mari s'épuise.

LUCILE.

Je les connois un peu, ces Messieurs-là ; je remarque que les hommes ne sont bons qu'en qualité
d'Amans ; c'est la plus jolie chose du monde que
leur cœur, quand l'esperance les tient en haleine ;
soumis, respectueux & galans, pour le peu que
vous soyiez aimable avec eux, votre amour propre
est enchanté, il est servi delicieusement, on le rassa-

fie de plaisirs : folie, fierté, dédain, caprices, impertinences, tout nous réussit, tout est raison, tout est loi : on regne, on tyrannise, & nos Idolâtres font toûjours à genoux. Mais les épousez-vous ? la Déesse s'humanise-t-elle ? leur idolâtrie finit où nos bontés commencent. Dès qu'ils font heureux, les ingrats ne méritent plus de l'être.

LISETTE.

Les voilà.

LUCILE.

Oh ! pour moi, j'y mettrai bon ordre, & le personnage de Déesse ne m'ennuyera pas, Messieurs, je vous assure. Comment donc ? toute jeune & toute aimable que je suis, je n'en aurois pas pour six mois aux yeux d'un Mary, & mon visage seroit mis au rebut ? de dix-huit ans qu'il a, il sauteroit tout d'un coup à cinquante ? Non pas, s'il vous plaît ; ce seroit un meurtre ; il ne vieillira qu'avec le tems, & n'enlaidira qu'à force de durer : je veux qu'il n'appartienne qu'à moi, que personne n'ait que voir à ce que j'en ferai, qu'il ne releve que de moi seul. Si j'étois mariée, ce ne seroit plus mon visage, il seroit à mon Mari qui le laisseroit là, à qui il ne plairoit pas, & qui lui défendroit de plaire à d'autres : j'aimerois autant n'en point avoir. Non, non, Lisette, je n'ai point envie d'être Coquette, mais il y a des momens où le cœur vous en dit, & où l'on est bien aise d'avoir les yeux libres : ainsi, plus de discussion, va porter ma Lettre à Damis, & se range qui voudra sous le joug du mariage.

LISETTE.

Ah ! Madame, que vous me charmez ! Que vous êtes une Déesse raisonnable ! Allons, je ne vous dis plus mot ; ne vous mariez point, ma Divinité subalterne vous approuve, & fera de même : Mais de cette Lettre que je vais porter, en esperez-vous beaucoup ?

LUCILE.

Je marque mes difpofitions à Damis, je le prie
de les fervir ; je lui indique les moyens qu'il faut
prendre pour diffuader fon Pere & le mien de nous
marier, & fi Damis eft auffi galant homme qu'on
le dit, je compte l'affaire rompuë.

SCENE III.

LUCILE, LISETTE, FRONTAIN.

Un Valet de la Maifon entre.

LE VALET.

MAdame, voici un Domeftique qui demande
à vous parler,

LUCILE.

Qu'il vienne.

FRONTAIN *entre.*

Madame, cette fille-ci eft-elle difcrette ?

LISETTE.

Tenez, cet animal qui débute par me dire une
injure.

FRONTAIN.

J'ai l'honneur d'appartenir à Monfieur Damis,
qui me charge d'avoir celui de vous faire la révé-
rence.

LISETTE.

Vous avez eu le tems d'en faire quatre : allons,
finiffez.

LUCILE.

Laiffe-le achever. De quoi s'agit-il ?

FRONTAIN.

Ne la gênez point, Madame, je ne l'écoute
pas.

LUCILE.

Voyons, que me veut ton Maître?

FRONTAIN.

Il vous demande, Madame, un moment d'entretien avant que de paroître ici tantôt avec son Pere; & j'ose vous assûrer que cet entretien est nécessaire.

LUCILE *à part, à Lisette.*

Me conseilles-tu de le voir, Lisette ?

LISETTE.

Attendez, Madame, que j'interroge un peu ce Harangueur: Dites-nous, Monsieur le Personnage, vous qui jugez cet entretien si important, vous en sçavez donc le sujet ?

FRONTAIN.

Mon Maître ne me cache rien de ce qu'il pense.

LISETTE.

Hum ! à voir le confident, je n'ai pas grande opinion des pensées : venez-çà pourtant ; de quoi est-il question ?

FRONTAIN.

D'une réponse que j'attens.

LISETTE.

Veux-tu parler ?

FRONTAIN.

Je suis homme, & je me tais; je vous défie d'en faire autant.

LUCILE.

Laisse-le, puisqu'il ne veut rien dire. Va, ton Maître n'a qu'à venir.

FRONTAIN.

Il est à vous sur le champ, Madame, il m'attend dans une des allées du Bois.

LISETTE.

Allons, pars.

FRONTAIN.

Ma mie, vous ne m'arrêterez pas.

SCENE IV.

LUCILE, LISETTE.

LISETTE.

QUe ne m'avez vous dit de luy donner votre Lettre, elle vous eût difpenſée de voir
ſon Maitre.

LUCILE.

Je n'ai point deſſein de le voir non plus, mais
il faut ſçavoir ce qu'il me veut, & voici mon idée :
Damis va venir, & tu n'as qu'à l'attendre, pendant
que je vais me retirer dans ce Cabinet, d'où j'en-
tendrai tout. Dis-lui qu'en y faiſant reflexion, j'ai
crû que dans cette occaſion-cy, je ne devois point
me montrer, & que je le prie de s'ouvrir à toi ſur
ce qu'il a à me dire, & s'il refuſe de parler en mar-
quant quelque empreſſement pour me voir, finis
la converſation en lui donnant ma Lettre.

LISETTE.

J'entends quelqu'un, cachez-vous, Madame.

SCENE V.

LISETTE. DAMIS.

LISETTE.

C'Eſt Damis . . . . . morbleu qu'il eſt bien fait ;
allons, le Diable nous amene-là une tenta-
tion bien conditionnée . . . C'eſt ſans doute ma
Maitreſſe que vous cherchez, Monſieur.

DAMIS.

C'est elle-même, & l'on m'avoit dit que je la trouverois ici.

LISETTE.

Il est vrai, Monsieur, mais elle a crû devoir se retirer, & m'a chargée de vous prier de sa part, de me confier ce que vous voulez lui dire.

DAMIS.

Eh, pourquoi m'évite-elle ? Est-ce que le mariage dont il s'agit ne lui plait pas ?

LISETTE.

Mais, Monsieur, il est bien hardi de se marier si vite.

DAMIS.

Oh, très-hardi.

LISETTE.

Je vois bien que Monsieur pense judicieusement.

DAMIS.

On ne sçauroit donc la voir ?

LISETTE.

Excusez-moi, Monsieur, la voilà, c'est la même chose, je la représente.

DAMIS.

Soit, j'en serai même plus libre à vous dire mes sentimens, & vous me paroissez fille d'esprit.

LISETTE.

Vous avez l'air de vous y connoître trop bien pour que j'en appelle.

DAMIS.

Venons à ce qui m'amene ; mon Pere que je ne puis me resoudre de fâcher, parce qu'il m'aime beaucoup....

LISETTE.

Fort bien, votre histoire commence comme la nôtre.

DAMIS.

A souhaité le mariage qu'on veut faire entre votre Maîtresse & moi.

LISETTE.

Ce début-là me plaît.

DAMIS.

Attendez jufqu'au bout ; j'étois donc à mon Regiment, quand mon Pere m'a écrit ce qu'il avoit projetté avec celui de Lucile ; c'eft, je penfe, le nom de la prétenduë future.

LISETTE.

La prétenduë, toûjours à merveille.

DAMIS.

Il m'en faifoit un portrait charmant.

LISETTE.

Style ordinaire.

DAMIS.

Cela fe peut bien, mais elle eft dans fa Lettre la plus aimable perfonne du monde.

LISETTE.

Souvenez-vous que je reprefente l'original, & que je ferai obligée de rougir pour lui.

DAMIS.

Mon Pere enfuite, me preffe de venir, me dit que je ne fçaurois, fur la fin de fes jours, lui donner de plus grande confolation qu'en époufant Lucile, qu'il eft ami intime de fon Pere, que d'ailleurs elle eft riche, & que je lui aurai une obligation éternelle du parti qu'il me procure; & qu'enfin, dans trois ou quatre jours, ils vont fon Ami, fa Famille & lui, m'attendre à leurs Maifons de Campagne qui font voifines, & où je ne manquerai pas de me rendre à mon retour à Paris.

LISETTE.

Eh bien ?

DAMIS.

Moi qui ne fçaurois rien refufer à un Pere fi tendre, j'arrive, & me voilà.

LISETTE.

Pour époufer ?

DAMIS.

Ma foi non, s'il est possible ?

Ici Lucile sort à moitié du Cabinet.

LISETTE.

Quoi, tout de bon.

DAMIS.

Je parle très-serieusement ; & comme on dit que Lucile est un esprit raisonnable, & que je lui dois être fort indifferent, j'avois dessein de lui ouvrir mon cœur afin de me tirer de cette avanture-ci.

LISETTE *riant*

Eh quel motif avez-vous pour cela ; est-ce que vous aimez ailleurs ?

DAMIS.

N'y a-t'il que ce motif-là qui soit bon ? je crois en avoir d'aussi sensés ; c'est qu'en verité je ne suis pas d'un âge à me lier d'un engagement aussi serieux ; c'est qu'il me fait peur, que je sens qu'il borneroit ma fortune, & que j'aime à vivre sans gêne, avec une liberté dont je sçais tout le prix, & qui m'est plus necessaire qu'à un autre, de l'humeur dont je suis.

LISETTE.

Il n'y a pas le petit mot à dire à cela.

DAMIS.

Dans le mariage, pour bien vivre ensemble, il faut que la volonté d'un Mary s'accorde avec celle de sa Femme, & cela est difficile ; car de ces deux volontés là, il y en a toûjours une qui va de travers, & c'est assez la maniere d'aller des volontés d'une Femme, à ce que j'entends dire. Je demande pardon à votre Sexe de ce que je dis-là ; il peut y avoir des exceptions : mais elles sont rares ; & je n'ai point de bonheur.

Lucile regarde toûjours.

LISETTE.

Que vous êtes aimable d'avoir si mauvaise

opinion de votre efprit!

DAMIS

Mais vous qui riez , eft-ce que mes difpofitions vous conviennent?

LISETTE.

Je vous dis que vous êtes un homme admirable.

DAMIS.

Sérieufement?

LISETTE.

Un homme fans prix.

DAMIS.

Ma foi, vous me charmez.

Lucile continuë de regarder

LISETTE.

Vous nous rachetez ; nous vous difpenfons même de la bonté que vous avez de fuppofer quelques exceptions favorables parmi nous.

DAMIS.

Oh , je n'en fuis pas la dupe , je n'y crois pas moi-même.

LISETTE.

Que le Ciel vous le rende ; mais peut-on fe fier à ce que vous dites-là , cela eft il fans retour? je vous avertis que ma Maîtreffe eft aimable.

DAMIS.

Et moi je vous avertis que je ne m'en foucie gueres : Je fuis à l'épreuve , je ne crois pas votre Maîtreffe plus redoutable que tout ce que j'ai vû , fans lui faire tort ; & je fuis fûr que fes yeux feront d'auffi bonne compofition que ceux des autres.

Lucile regarde.

LISETTE.

Morbleu, n'allez pas nous manquer de parole.

DAMIS.

Si je n'avois pas peur d'être ridicule , je vous recommanderois pour vous piquer, de ne m'en pas manquer vous-même.

LISETTE.

Tenez ; votre départ sera de toutes vos graces,
celle qui nous touchera le plus , êtes-vous content ?

DAMIS.

Vous me rendrez justice ; de mon côté, je défie
vos appas, & je vous réponds de mon cœur.

SCENE VI.

LUCILE *sortant promptement du Cabinet ;*
DAMIS, LISETTE.

LUCILE.

ET moi du mien , Monsieur, je vous le promets, car je puis hardiment me montrer après
ce que vous venez de dire ; allons , Monsieur , le
plus fort est fait , nous n'avons à nous craindre ni
l'un ni l'autre, vous ne vous souciez point de moi,
je ne me soucie point de vous , car je m'explique
sur le même ton, & nous voilà fort à notre aise ; ainsi
convenons de nos faits : mettez-moi l'esprit en repos,
comment nous y prendrons-nous ? j'ai une Sœur
qui peut plaire, affectez plus de goût pour elle
que pour moi ; peut-être cela vous sera-t'il plus
aisé, & vous continuërez toûjours. Ce moyen
là vous convient-il ? vaut-il mieux nous plaindre
d'un éloignement reciproque ? ce sera comme vous
voudrez ; vous sçavez mon secret, vous êtes un
honnête homme, expedions.

LISETTE.

Nous ne barguignons point, comme vous voyez ;
nous allons rondement : faites-vous de même ?

LUCILE.

Qu'est-ce que c'est que cette saillie là qui me

compromet ?... Faites-vous de même... Voulez-
vous divertir, Monſieur, à mes dépens ?

D A M I S.

Je trouve ſa queſtion raiſonnable, Madame.

L U C I L E.

Et moi, Monſieur, je la declare impertinente ;
mais c'eſt une étourdie qui parle.

D A M I S.

Votre apparition me déconcerte, je l'avoüe ; je
me ſuis expliqué d'une maniere ſi libre en parlant
de perſonnes aimables, & ſur tout de vous, Madame.

L U C I L E.

De moi, Monſieur ? Vous m'étonnez ; je ne ſçache pas que vous ayiez rien à vous reprocher :
Quoi donc, ſeroit-ce d'avoir promis que je ne vous
paroîtrois pas redoutable ? hé tant mieux ; c'eſt
m'avoir fait votre cour que cela. Comment donc,
eſt-ce que vous croyez ma vanité attaquée ? Non
Monſieur, elle ne l'eſt point : Suppoſez que j'en
aye, que vous me trouviez redoutable ou non,
qu'eſt-ce que cela dit ? le goût d'un homme ſeul
ne décide rien là-deſſus ; & de quelque façon qu'il
ſe trouve, on n'en vaut ni plus ni moins , les
agrémens n'y perdent ni n'y gagnent, cela ne ſignifie rien ; ainſi, Monſieur, point d'excuſe ; au
reſte, pourtant, ſi vous en voulez faire, ſi votre
politeſſe à quelque remord qui la gêne, qu'à cela
ne tienne, vous êtes bien le maître.

D A M I S.

Je ne doute pas, Madame, que tout ce que
je pourrois vous dire ne vous ſoit indifférent ; mais
n'importe j'ai mal parlé, & je me condamne très-
ſerieuſement.

L U C I L E *riant.*

Eh bien ſoit ; allons, Monſieur, vous vous
condamnez, j'y conſens. Votre prétenduë future
vaut mieux que tout ce que vous avez vû juſ-

qu'ici, il n'y a pas de comparaison, je l'emporte ; n'est-t'il pas vrai que cela va là ? car je me serai sans façon, moi, tous les complimens qu'il vous plaira, ce n'est pas la peine de me les plaindre, ils ne sont pas rares, & l'on en donne à qui en veut.

DAMIS.

Il ne s'agit pas de complimens, Madame, vous êtes bien au-dessus de cela, & il seroit difficile de vous en faire.

LUCILE.

Celui-là est très fin par exemple, & vous aviez raison de ne le vouloir pas perdre : mais restons en là je vous prie ; car à la fin tant de politesses me supposeroient un amour propre ridicule ; & ce seroit une étrange chose qu'il fallût me demander pardon de ce qu'on ne m'aime point ; en verité, l'idée seroit comique ; ce seroit en m'aimant qu'on m'embarrasseroit : mais grace au Ciel il n'en est rien, heureusement mes yeux se trouvent pacifiques, ils aplaudissent à votre indifference, ils se la promettoient, c'est une obligation que je vous ai, & la seule de votre part qui pouvoit m'épargner une ingratitude ; vous m'entendez, vous avez eu quelque peur des dispositions que je pouvois avoir, mais soyez tranquile, je me sauve, Monsieur, je vous échape, j'ai vû le peril, & il n'y paroit pas.

DAMIS.

. Ah ! Madame, oubliez un discours que je n'ai tenu tantôt qu'en plaisantant ; je suis de tous les hommes celui à qui il est le moins permis d'être vain, & vous de toutes les Dames celle avec qui il seroit le plus impossible de l'être ; vous êtes d'une figure qui ne permet ce sentiment là à personne ; & si je l'avois, je serois trop méprisable.

LISETTE.

Ma foi, si vous le prenez sur ce ton là tous deux, vous ne tenez rien : je n'aime point ce verbiage là ; ces yeux pacifiques, ces apostrophes galantes

galantes à la figure de Madame, & puis des va-
nitez, des excuses, où cela va-t'il ? ce n'est pas
là votre chemin, prenez garde que le diable ne
vous écarte : tenez, vous ne voulez point vous
époufer, abregeons ; & tout à l'heure entre mes
mains, cimentez vos résolutions d'une nouvelle pro-
messe de ne vous appartenir jamais ; allons, Madame, commencez pour le bon exemple, & pour
l'honneur de votre sexe.

LUCILE.

La belle idée qu'il vous vient là ! le bel expedient, que je commence ! comme si tout ne dé-
pendoit pas de Monsieur, & que ce ne sût pas
à luy à garantir ma résolution par la sienne. Est-
ce que s'il vouloit m'époufer, qu'il n'en viendroit
pas à bout par le moyen de mon pere à qui il
faudroit obéir ? C'est donc sa résolution qui importe, & non pas la mienne que je serois en pure
perte.

LISETTE.

Elle a raison, Monsieur, c'est votre parole
qui regle tout, partez.

DAMIS.

Moi commencer ! cela ne me siéroit point, ce
seroit violer les devoirs d'un galant homme ; &
je ne perdrai point le respect, s'il vous plaist.

LISETTE.

Vous l'épouserez donc par respect, car ce n'est
que du galimatias que toutes ces raisons là ; j'en
reviens à vous, Madame.

LUCILE.

Et moi je m'en tiens à ce que j'ai dit, car il
n'y a point de replique : mais que Monsieur s'explique, qu'on sache ses intentions sur la difficulté qu'il fait ; est-ce respect, est-ce égard, est-ce
badinage, est-ce tout ce qu'il vous plaira ? qu'il
se détermine : il faut parler naturellement dans
la vie.

LISETTE.

Monsieur vous dit qu'il est trop poli pour être naturel.

DAMIS.

Il est vrai que je n'ose m'expliquer.

LISETTE.

Il vous attend.

LUCILE *brusquement.*

Eh bien ! terminons donc, s'il n'y a que cela qui vous arrête, Monsieur ; voici mes sentimens : je ne veux point être mariée, & je n'en eus jamais moins d'envie que dans cette occasion cy ; ce discours est net, & sousentend tout ce que la bienséance veut que je vous épargne. Vous passez pour un homme d'honneur, Monsieur ; on fait l'éloge de votre caractere, & c'est aux soins que vous vous donnerez pour me tirer de cette affaire-cy, c'est aux services que vous me rendrez là-dessus, que je reconnoîtrai la verité de tout ce qu'on m'a dit de vous ; ajoûterai-je encore une chose, je puis avoir le cœur prevenu ; je pense qu'en voilà assez, Monsieur, & que ce que je dis là, vaut bien un serment de ne vous épouser jamais ; serment que je fais pourtant si vous le trouvez necessaire ; cela suffit-t'il ?

DAMIS.

Eh ! Madame, c'en est fait, & vous n'avez rien à craindre. Je ne suis point de caractere à persecuter les dispositions où je vous vois ; elles excluent notre mariage ; & quand ma vie en dependroit ; quand mon cœur vous regreteroit, ce qui ne seroit pas difficile à croire, je vous sacrifierois & mon cœur & ma vie, & vous les sacrifierois sans vous le dire ; c'est à quoi je m'engage, non par des sermens qui ne signifieroient rien, & que je fais pourtant comme vous, si vous les exigez ; mais parce que votre cœur, parce que la raison, mon honneur & ma probité dont vous l'exigez, le veulent ; & comme il faudra nous voir & que je ne sçaurois partir ny vous quitter sur le champ, si pendant le tems que nous nous verrons, il m'alloit par hasard échaper quelque discours qui pût vous allarmer, je vous conjure d'avance de ny rien voir contre ma parole, & de ne l'attribuer qu'à l'impossibilité qu'il y auroit de n'être pas galant avec ce qui vous ressemble. Cela dit, je ne vous demande plus qu'une grace ; c'est de m'aider à vous débarrasser de moy, & de vouloir bien que je n'essuye point tout seul les reproches de nos parens : il est juste que nous les partagions, vous les meritez encore plus que moi. Vous craignez plus l'époux que le mariage, & moy je ne craignois que le dernier. Adieu, Madame, il me tarde de vous montrer que je suis du moins digne de quelque estime ?

[*il se retire.*]

L I S E T T E.

Mais vous vous en allez, sans prendre de mesures.

D A M I S.

Madame ma dit qu'elle avoit une sœur à qui je puis feindre de m'attacher ; c'est déja un moyen d'indiqué.

L U C I L E, *triste.*

Et d'ailleurs nous aurons le tems de vous revoir. Suivez, Monsieur, Lisette, puisqu'il s'en va, & voyez si personne ne regarde.

D A M I S, *à part en sortant.*

Je suis au desespoir !

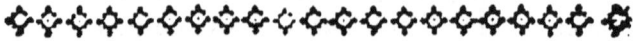

❖❖❖❖❖❖❖❖❖❖❖❖❖❖❖❖❖❖❖

S C E N E   V I I.

L U C I L E *seule.*

AH! il faut que je soupire; & ce ne sera pas pour la derniere fois. Quelle avanture pour mon cœur! Cette miserable Lisette, où a-t-elle été imaginer tout ce qu'elle vient de nous faire dire?

Fin du premier Acte.

ACTE II.

SCENE PREMIERE.

M. ORGON, LISETTE.

M. ORGON , *comme déja parlant:*

JE ne le vante point plus qu'il ne vaut ; mais
je crois qu'en fait d'esprit & de figure , on auroit de la peine à trouver mieux que Damis :
à l'égard des qualités du cœur & du caractere , l'é-
loge qu'on en fait est general, & sa physionomie
dit qu'il le merite.

LISETTE.

C'est mon avis.

M. ORGON.

Mais ma fille pense-t-elle comme nous ? C'est pour
le sçavoir que je te parle.

LISETTE.

En doutez-vous, Monsieur ? Vous la connois-
sez. Est-ce que le merite lui échape ? Elle tient de
vous premierement.

M. ORGON.

Il faut pourtant bien qu'elle n'ait pas fait grand
accueil à Damis , & qu'il ait remarqué de la froi-
deur dans ses manieres.

LISETTE.

Il les a vûës temperées , mais jamais froides.

M. ORGON.

Qu'est-ce que c'est que temperées ?

LISETTE.

C'est comme qui diroit... entre le froid & le chaud.

M. ORGON.

D'où vient donc qu'on voit Damis parler plus volontiers à sa sœur?

LISETTE.

C'est Damis, par exemple, qui a la clef de ce secret-là.

M. ORGON.

Je crois l'avoir aussi moi; c'est aparemment qu'il voit que Lucile a de l'éloignement pour lui.

LISETTE.

Je crois avoir à mon tour la clef d'un autre secret : je pense que Lucile ne traite froidement Damis, que parce qu'il n'a pas d'empressement pour elle.

M. ORGON.

Il ne s'éloigne que parce qu'il est mal reçû.

LISETTE.

Mais, Monsieur, s'il n'étoit mal reçû que parce qu'il s'éloigne?

M. ORGON,

Qu'est-ce que c'est que ce jeu de mots-là? Parle-moi naturellement: ma fille te dit ce qu'elle pense. Est-ce que Damis ne lui convient pas? Car enfin il se plaint de l'accueil de Lucile.

LISETTE.

Il se plaint, dites-vous! Monsieur, c'est un fripon sur ma parole; je lui soûtiens qu'il a tort: il sçait bien qu'il ne nous aime point.

M. ORGON.

Il assure le contraire.

LISETTE.

Eh! où est-il donc, cet amour qu'il a? Nous avons regardé dans ses yeux, il n'y a rien; dans ses paroles, elles ne disent mot; dans le son de sa voix, rien ne marque; dans ses procedés, rien ne sort; de mouvemens de cœur, il n'en perce au-

cun. Notre vanité qui a des yeux de Linx a fureté
par tout ; & puis Monsieur viendra dire qu'il a de
l'amour, à nous qui devinons qu'on nous aimera
avant qu'on nous aime ; qui avons des nouvelles
du cœur d'un amant avant qu'il en ait lui-même. Il
nous fait-là de beaux contes, avec son amour im-
perceptible.

M. ORGON.

Il y a là-dedans quelque chose que je ne com-
prens pas. N'est-ce pas-là son Valet : apparemment qu'il te cherche.

SCENE II.

M. ORGON, LISETTE, FRONTAIN.

M. ORGON *à Frontain qui se retire*

APproches, approches ; pourquoi t'enfuis-tu ?
FRONTAIN.
Monsieur, c'est que nous ne sommes pas extrê-
mement camarades.
M. ORGON.
Viens toûjours, à cela près.
FRONTAIN.
Serieusement, Monsieur?
M. ORGON.
Viens, te dis-je.
FRONTAIN.
Ma foi, Monsieur, comme vous voudrez : on
m'a quelquefois dit que ma conversation en valoit
bien une autre ; & j'y mettrai tout ce que j'ai de
meilleur : Où en êtes-vous? La Bourgogne, dit-
on, a donné beaucoup cette année-ci ; cela fait
plaisir. On dit que les Turcs à Constantinople.

M. ORGON.

Alte-là, laissons Constantinople.

LISETTE.

Il en sortiroit aussi legerement que de Bourgogne.

FRONTAIN.

Je vous menois en Champagne un instant après ;
j'aime les Pays de Vignoble, moi.

M. ORGON.

Point d'écart, Frontain, parlons un peu de votre Maître. Dites-moi confidemment, que pense-
t-il sur le Mariage en question : son cœur est-il d'accord avec nos desseins ?

FRONTAIN.

Ah! Monsieur, vous me parlez-là d'un cœur
qui mene une triste vie ; plus je vous regarde, &
plus je m'y perds. Je vois des cruautés dans vos
enfans qu'on ne devineroit pas à la douceur de votre visage. *Lisette hausse les épaules*

M. ORGON.

Que veux-tu dire avec tes cruautés ; de qui par-
les-tu ?

FRONTAIN.

De mon Maître, & des peines secrettes qu'il
souffre de la part de Mademoiselle votre fille.

LISETTE.

Cet effronté qui vous fait un Roman! Qu'a-t-
on fait à ton Maître, dis ? Où sont les chagrins
qu'on a eu le tems de lui donner ? Que nous a-t-il
dit jusqu'ici ? Que voit-on de lui que des réveren-
ces ? Est-ce en fuyant que l'on dit qu'on aime ?
Quand on a de l'amour pour une sœur aînée, est-
ce à sa sœur cadette à qui on va le dire ?

FRONTAIN,

Ne trouvez-vous pas cette fille-là bien revêche,
Monsieur ?

M. ORGON

Tais-toi, en voilà assez ; tout ce que j'entens
me

me fait juger qu'il n'y a peut-être que du mal entendu dans cette affaire-ci. Quant à ma fille, dites-lui, Lisette, que je serois très-fâché d'avoir à
me plaindre d'elle : c'est sur sa parole que j'ai fait
venir Damis & son pere : depuis qu'elle a vû le fils
il ne lui déplait pas, à ce qu'elle dit : cependant
ils se fuient, & je veux sçavoir qui des deux a tort;
car il faut que cela finisse. *Il s'en va.*

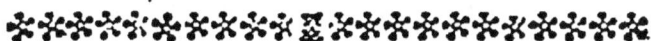

SCENE III.

FRONTAIN, LISETTE *se regardant
quelque tems.*

LISETTE.

DEmandez-moi pourquoi ce faquin-là me regarde tant !

FRONTAIN *chante.*

La la ra la ra

LISETTE.

La la ra ra.

FRONTAIN.

Oui da, il y a de la voix, mais point de mé-
thode.

LISETTE.

Va-t-en; qu'est-ce que tu fais ici?

FRONTAIN.

J'étudie tes sentimens sur mon compte.

LISETTE.

Je pense que tu n'es qu'un sot; voilà tes études
faites. Adieu. *Elle veut s'en aller.*

FRONTAIN *l'arrête.*

Attens, attens, j'ai à te parler sur nos affaires.
Tu m'as la mine d'avoir le goût fin; j'ai peur de te
plaire; & nous voici dans un cas qui ne le veut
point.

C

LISETTE.

Toi, me plaire! Il faut donc que tu n'ayes jamais rencontré ta grimace nulle part, puisque tu le crains. Allons, parles, voyons ce que tu as à me dire : hâte-toi, sinon je t'apprendrai ce que valent mes yeux, moi.

FRONTAIN.

Ahi! j'ai la moitié du cœur emporté de ce coup d'œil-là. Bon quartier, ma fille, je t'en conjure ; ménageons-nous, nos interêts le veulent ; je ne suis resté que pour te le dire.

LISETTE.

Acheves : de quoi s'agit-il ?

FRONTAIN.

Tu me parois être le mieux du monde avec ta Maîtresse.

LISETTE.

C'est moi qui suis la sienne ; je la gouverne.

FRONTAIN.

Bon, les Rangs ne sont pas mieux observés entre mon Maître & moi ; supposons à present que ta Maîtresse se marie.

LISETTE.

Mon autorité expire, & le mari me succede.

FRONTAIN.

Si mon Maître prenoit femme, c'est un Menage qui tombe en quenoüille ; nous avons donc interêt qu'ils gardent tous deux le Célibat.

LISETTE.

Aussi ai-je défendu à ma Maîtresse d'en sortir ; & heureusement son obéissance ne lui coûte rien

FRONTAIN.

Ta Pupille est d'un caractere rare : Pour mon jeune homme, il hait naturellement le nœud Conjugal, & je lui laisse la vie de garçon ; ces Messieurs-là se sauvent, le pays est bon pour les Maraudeurs. Or, il s'agit de conserver nos postes ; les peres de nos jeunes gens sont attaqués de vieillesse, maladie incurable & qui menace de faire bien-tôt des orphelins ; ces orphelins-là nous reviennent, ils tombent dans notre lot ; ils sont d'âge à entrer dans leurs droits , & leurs droits nous mettront dans les nôtres : Tu m'entens-bien ?

LISETTE.
Je suis au fait, il ne faut pas que ce que tu dis soit plus clair.

FRONTAIN.
Nous reglerons fort-bien chacun notre Ménage.

LISETTE.
Oüi-da, c'est un embarras qu'on prend volontiers quand on aime le bien d'un Maitre.

FRONTAIN.
Si nous nous aimions tous deux, nous n'écarterions plus l'amour que nos orphelins pourroient prendre l'un pour l'autre ; ils se marieroient, & adieu nos droits.

LISETTE.
Tu as raison, Frontain, il ne faut pas nous aimer.

FRONTAIN.
Tu ne dis pas cela d'un ton ferme.

LISETTE.
Eh , c'est que la nécessité de nous haïr gâte tout.

FRONTAIN.
Ma fille , broüillons-nous ensemble.

LISETTTE.
Les Parties meditées ne réüssissent jamais.

FRONTAIN.
Tiens, disons-nous quelques injures pour mettre un peu de rancune entre l'Amour & nous : Je te trouve laide, par exemple ; hé bien, tu ne souffles pas ?

LISETTE *riant.*
- Bon, c'est que tu n'en crois rien.

FRONTAIN.

Quoy ! vous penſez ma Mie . . . . . Morbleu ; détournes ton viſage, il fait peur à mes injures.

LISETTE.

Je ne ſçai plus ce que ſont devenuës toutes les laideurs du tien.

FRONTAIN.

Nous nous ruinons, ma fille.

LISETTE.

Allons, r'animons-nous, voilà qui eſt fini : Tiens, je ne ſçaurois te ſouffrir.

FRONTAIN.

Quelqu'un vient, je n'ai pas le tems de m'acquitter ; mais vous n'y perdrez rien, petite fille.

❖❖❖❖❖❖❖❖❖❖ ❖ ❖❖❖❖❖❖❖❖❖

SCENE IV.

LISETTE, FRONTAIN, PHENICE.

PHENICE.

JE ſuis bien-aiſe de vous trouver-là, Frontain, ſur tout avec Liſette, qui rendra compte à ma Sœur de ce que je vais vous dire ; voici pluſieurs fois dans ce jour que j'evite Damis, qui s'obſtine à me ſuivre, à me parler, tout deſtiné qu'il eſt à ma ſœur ; qui & comme il ne ſe corrige point malgré tout ce que je lui ai pû dire ; je ſuis charmée qu'on ſçache mes ſentimens là-deſſus, & Liſette me ſera témoin que je vous charge de lui rapporter ce que vous venez d'entendre, & que je le prie nettement de me laiſſer en repos.

FRONTAIN.

Non, Madame, je ne ſçaurois ; votre commiſſion n'eſt pas faiſable ; je ne rapporte jamais rien que de gracieux à mon Maître ; & d'ailleurs, il n'eſt pas poſſible que le plus galant homme de la terre ait pû vous ennuyer.

LISETTE.

Le plus galant homme de la terre me paroît admirable à moy : On lui destine tout ce qu'il y a de plus aimable dans le monde, & M^r n'est pas content ; apparemment qu'il n'y voit goûte.

PHENICE.

Qu'est-ce que cela veut dire, il n'y voit goûte? Doucement Lisette ; personne n'est plus aimable que ma Sœur ; mais que je la vaille ou non, ce n'est pas à vous à en décider.

LISETTE.

Je n'attaque personne, Madame ; mais qu'un homme quitte ma Maîtresse, & fasse un autre choix, il n'y pas à le marchander, c'est un homme sans goût ; ce sont de ces choses décidées depuis qu'il y a des hommes : Oüi sans goût, & je n'aurois qu'un moment à vivre, qu'il faudroit que je l'employasse à me moquer de lui ; je ne pourrois pas m'en passer ; sans goût.

PHENICE.

Je ne m'arrêtois pas ici pour lier conversation avec vous ; mais en quoy, s'il vous plaît, seroit-il si digne d'être moqué?

LISETTE.

Ma réponse est sur le visage de ma Maîtresse.

FRONTAIN.

Si celui de Madame vouloit s'aider, vous ne brilleriez gueres.

PHENICE *s'en allant.*

Vos discours sont impertinens, Lisette, & l'on m'en fera raison.

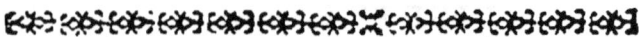

❦❧❦❧❦❧❦❧❦❧❦❧❦❧❦❧❦❧❦❧

SCENE. V.

LISETTE, FRONTAIN, [*un moment seuls*]
L U C I L E.

F R O N T A I N *en riant*

NOUS lui avons donné-là une bonne petite
dose d'émulation ; continuons, ma fille, le
feu prend par tout, & le Mariage s'en ira en fu-
mée : Adieu, je me retire, voilà ta Maitresse qui
accourt, confirme-la dans ses dégoûts [*Il s'en va*]

L U C I L E.

Que se passe-t'il donc ici, vous parliez bien
haut avec ma Sœur, & je l'ai vû de loin comme
en colere ; d'un autre côté, mon pere ne me parle
point : Qu'avez-vous donc fait ? D'où cela vient-il ?

L I S E T T E.

Rejoüissez-vous, Madame, nous vous débaraffe-
rons de Damis.

L U C I L E.

Fort-bien, je gage que ce que vous dites-là me
pronostique quelque coup d'étourdie.

L I S E T T E.

Ne craignez rien, vous ne demandez qu'un
prétexte legitime pour le refuser, n'est-il pas vray ?
Hé bien, j'ai travaillé à vous en donner un ; &
j'ai si bien fait que votre Sœur est actuellement
éprise de lui ; ce qui nous produira quelque chose.

L U C I L E.

Ma Sœur actuellement éprise de lui ? Je ne vois
pas trop à quoy ce moyen heteroclite peut m'être
bon : Ma Sœur éprise ? Et en vertu de quoi le se-
roit-elle ? Et d'où vient qu'il faut qu'elle le soit ?

L I S E T T E.

N'est-t'on pas convenu que Damis feroit la

cour à votre Sœur? Si avec cela elle vient à l'aimer, vous pouvez vous retirer fans qu'on ait le mot
à vous dire; je vous defie d'imaginer rien de plus
adroit : écoutez-moi.

LUCILE.

Supprimez l'éloge de votre adresse; point de
réponse qui aille à côté de ce qu'on vous demande :
Vous parlez de Damis, ne le quittez point; fi-
niffons ce fujet-là.

LISETTE.

J'acheve; Frontain étoit avec moy; votre
Sœur l'a vû, elle eft venuë lui parler.

LUCILE.

Damis n'eft point encore là, & je l'attens.

LISETTE.

De quelle humeur eftes-vous donc aujourd'huy;
Madame ?

LUCILE.

Bon, regalez-moy, pardeffus le marché, d'une
reflexion fur mon humeur.

LISETTE.

Donnez-moy donc le tems de vous parler;
Frontain, lui a-t'elle dit, votre Maitre ne s'adreffe
qu'à moy, quoyque deftiné à ma Sœur; on
croit que j'y contribuë, cela me déplait, & je vous
charge de l'en inftruire.

LUCILE.

Hé bien, que m'importe que ma Sœur ait une
vanité ridicule? Je la confondray quand il me
plaira.

LISETTE.

Gardez-vous en bien! j'en ai fenti tout l'avan-
tage pour vous de cette vanité-là; je l'ai agacée,
je l'ai piquée d'honneur; mon ton vous auroit
rejouie.

LUCILE.

Point du tout, je le vois d'ici, paffez.

C iiij

LISETTE.

Damis est joli, de négliger ma Maitresse, ai-je
dit en riant.

LUCILE.

Lui, me négliger ? Mais il ne me néglige point.
Où avez-vous pris cela ? Il obéit à nos conventions,
cela est différent.

LISETTE.

Je le sçais bien, mais il faut cacher ce secret là ;
& j'ai continué sur le même ton. Le parti qu'il
prend est comique, ai-je ajoûté. Qu'est-ce que
c'est que comique ? a repris votre Sœur. C'est du
divertissant, ai-je dit. Vous plaisantez, Lisette.
Je dis mon sentiment, Madame. Il est vrai que ma
Sœur est aimable, mais d'autres le sont aussi. Je ne
connois point ces autres-là, Madame. Vous me
choquez. Je n'y tâche point. Vous êtes une sotte.
J'ai de la peine à le croire. Taisez-vous. Je me tais.
Là-dessus elle est partie avec des appas revoltés,
qui se promettent bien de l'emporter sur les vôtres.
Qu'en dites-vous ?

LUCILE.

Ce que j'en dis ? que je vous ai mille obligations ;
que mon affront est complet ; que ma Sœur triomphe ; que j'entens d'ici les airs qu'elle se donne ;
qu'elle va me croire attaquée de la plus basse ja-
lousie du monde, & qu'on ne sçauroit être plus hu-
miliée que je le suis.

LISETTE.

Vous me surprenez ! n'avez-vous pas dit vous-
même à Damis, de paroître s'attacher à elle ?

LUCILE.

Vous confondez grossierement les idées, & dans
un petit génie comme le vôtre, cela est à la place.
Damis en feignant d'aimer ma Sœur, me donnoit
une raison toute naturelle de dire : je n'épouse point
un homme qui paroit en aimer une autre. Mais,
refuser d'épouser un homme, ce n'est pas être ja-

loufe de celle qu'il aime , entendez-vous ? cela
change d'efpece ; & c'eft cette diftinction-là qui
vous paffe; c'eft ce qui fait que je fuis trahie, que je
fuis la victime de votre petit efprit , que ma Sœur
eft devenuë fotte , & que je ne fçais plus où j'en
fuis ! Voilà tout le produit de votre zele ; voilà
comme on gâte tout quand on n'a point de tête. A'
quoi m'expofez-vous? il faudra donc que j'humilie
ma Sœur, à mon tour, avec fes appas révoltés?

LISETTE

Vous ferez ce qu'il vous plaira : mais j'ai crû
que le plûs fur étoit d'engager votre Sœur à aimer
Damis, &, peut-être, Damis à l'aimer, afin que
vous euffiez raifon d'être fâchée, & de le refufer.

LUCILE.

Quoi ! vous ne fentez pas votre impertinence,
dans quelque fens que vous la preniez? Eh , pourquoi voulez-vous que ma Sœur aime Damis? Pourquoi travailler à l'entêter d'un homme qui ne l'aimera point ? Vous a-t-on demandé cette perfidie-là
contre elle ? Eft-ce que je fuis affez fon ennemie
pour cela ? Eft-ce qu'elle eft la mienne ? Eft-ce que
je lui veux du mal ? Y a-t'il de cruauté pareille au
piége que vous lui tendez ? Vous faites le malheur
de fa vie, fi elle y tombe : Vous êtes donc méchante? Vous avez donc fuppofé que je l'étois? Vous me
pénétrez d'une vraye douleur pour elle ; je ne fçais
s'il ne faudra point l'avertir, car il n'y a point de jeu
dans cette affaire-ci. Damis lui-même, fera peut-
être forcé de l'époufer malgré lui, c'eft perdre deux
perfonnes à la fois : Ce font deux deftinées que je
rends funeftes ; c'eft un reproche éternel à me faire,
& je fuis défolée !

LISETTE.

Hé bien, Madame, ne vous allarmez point tant,
allez confolez-vous, car je crois que Damis l'aime,
& qu'il s'y livre de tout fon cœur.

LUCILE.

Oüi-da ! voilà ce que c'est ; parce que vous ne sçavez plus que dire, les cœurs à donner ne vous coûtent plus rien, vous en faites bon marché, Lisette. Mais voyons, répondez-moi ; c'est votre conscience que j'interroge : Si Damis avoit un parti à prendre, doutez-vous qu'il ne me préferât pas à ma Sœur ? Vous avez dû remarquer qu'il avoit moins d'éloignement pour moi que pour elle, assûrément.

LISETTE.

Non, je n'ai point fait cette remarque là.

LUCILE.

Non ? Vous êtes donc aveugle, impertinente que vous êtes ? Du moins mentez sans me manquer de respect.

LISETTE.

Ce n'est pas que vous ne valiez mieux qu'elle ; mais tous les jours on laisse le plus pour prendre le moins.

LUCILE.

Tous les jours ? Vous êtes bien hardie de mettre l'exception à la place de la regle generale.

LISETTE.

Oh ! il est inutile de tant crier ; je ne m'en mêlerai plus ; accommodez-vous : ce n'est pas moi qu'on menace de marier, & vous n'avez qu'à dire vos raisons à ceux qui viennent ; défendez-vous à votre fantaisie. [*Elle sort.*]

SCENE VI.

LUCILE *seule.*

HElas ! tu ne fçais pas ce que je souffre, ni toute la douleur & tout le penchant dont je suis agitée !

SCENE VII.

M. ORGON, M. ERGASTE, DAMIS, LUCILE.

M. ORGON.

MA fille, nous vous amenons, Monsieur Ergaste & moi, quelqu'un, dont il faut que vous guérissiez l'esprit d'une erreur qui l'afflige : c'est Damis; Vous sçavez nos desseins, vous y avez consenti, mais il croit vous déplaire ; & dans cette idée-là, à peine ose-t-il vous aborder.

M. ERGASTE.

Pour moi, Madame, malgré toute la joye que j'aurois d'un mariage qui doit m'unir de plus près à mon meilleur ami, je serois au désespoir qu'il s'achevât, s'il vous répugne.

LUCILE.

Jusqu'ici, Monsieur, je n'ai rien fait qui puisse donner cette pensée-là; on ne m'a point vû de répugnance.

DAMIS.

Il est vrai, Madame, j'ai crû voir que je ne vous convenois point.

LUCILE.

Peut-être aviez-vous envie de le voir.

DAMIS.

Moi, Madame, je n'aurois donc ni goût, ni raifon.

M. ORGON.

Ne le difois-je pas? difpute de délicateffe que tout cela; rendez-vous plus de juftice à tous deux. Monfieur Ergafte, les gens de notre âge effarouchent les éclairciffemens; promenons-nous de notre côté : Pour vous, mes enfans, qui ne vous haïffez pas, je vous donne deux jours pour terminer vos débats, après quoi je vous marie; & ce fera dès demain, fi on me raifonne. [*Ils fe retirent.*]

SCENE VIII.

LUCILE, DAMIS.

DAMIS.

DEs demain, fi on me raifonne. Hé bien, Madame, dans ce qui vient de fe paffer, j'ai fait du mieux que j'ai pû; j'ai tâché, dans mes réponfes, de ménager vos difpofitions & la bienféance : mais que penfez-vous de ce qu'ils difent?

LUCILE.

Qu'effectivement ceci commence à devenir difficile.

DAMIS.

Très-difficile, au moins.

LUCILE.

Oüi, il en faut convenir, nous aurons de la peine à nous tirer d'affaire.

DAMIS.

Tant de peine, que je ne voudrois pas gager que nous nous en tirions.

LUCILE.

Comment ferons-nous donc?

DAMIS.

Ma foi, je n'en fçais rien.

LUCILE.

Vous n'en fçavez rien, Damis? voilà qui eſt à merveille; mais je vous avertis d'y ſonger pourtant, car je ne ſuis pas obligée d'avoir plus d'imagination que vous.

DAMIS.

Oh! parbleu, Madame, je ne vous en demande pas au-delà de ce que j'en ai non plus, cela ne ſeroit pas juſte.

LUCILE.

Mais prenez donc garde; ſi nous en manquons l'un & l'autre, comme il y a toute apparence, je vous prie de me dire où cela nous conduira?

DAMIS.

Je dirai encore de même, je n'en fçais rien, & nous verrons.

LUCILE.

Le prenez-vous ſur ce ton là, Monſieur? oh! j'en dirai bien autant: je n'en fçais rien, & nous verrons.

DAMIS.

Mais oüi, Madame, nous verrons; je n'y ſcache que cela, moi; que puis-je répondre de mieux?

LUCILE.

Quelque choſe de plus net, de plus poſitif, de plus clair: nous verrons ne ſignifie rien; nous verrons qu'on nous mariera, voilà ce que nous verrons; êtes-vous curieux de voir cela? car votre tranquillité m'enchante: d'où vous vient-elle? quoi? que voulez-vous dire? vous fiez-vous à ce que votre Pere & le mien voyent que leur projet ne vous plait pas? vous pourriez vous y tromper.

DAMIS.

Je m'y tromperois, ſans difficulté, car ils ne

voyent point ce que vous dites-là.

LUCILE.

Ils ne le voyent point ?

DAMIS.

Non , Madame , ils ne fçauroient le voir ; cela n'eft pas poffible ; il y a de certaines figures , de certaines phifionomies qu'on ne fçauroit foupçonner d'être indifferentes. Qui eft-ce qui croira que je ne vous aime pas , par exemple ? perfonne. Nous avons beau faire, il n'y a pas d'induftrie qui puiffe le perfuader.

LUCILE.

Cela eft vrai, vous verrez que tout le monde eft aveugle. Cependant , Monfieur, comme il s'agit ici d'affaires férieufes, voudriez - vous bien fuppri- mer votre (qui eft-ce qui croira) qui n'eft pas de mon goût, & qui a tout l'air d'une plaifanterie que je ne mérite pas ? car, que fignifient, je vous prie, ces phifionomies qu'on ne fçauroit foupçonner d'ê- tre indifferentes ? Eh ! que font elles donc ? Je vous le demande. De quoi voulez-vous qu'on les foupçonne ? eft-ce qu'il faut abfolument qu'on les aime ? eft-ce que j'ai une de ces phifionomies-là, moi ? Eft-ce qu'on ne fçauroit s'empêcher de m'aimer quand on me voit ? Vous vous trompez, Monfieur, il en faut tout rabattre ; j'ai mille preuves du con- traire, & je ne fuis point de ce fentiment-là. Te- nez, j'en fuis auffi peu que vous qui vous diver- tiffez à faire femblant d'en être ; & vous voyez ce que deviennent ces fortes de fentimens quand on les preffe.

DAMIS.

Il vous eft fort aifé de les réduire à rien, parce que je vous laiffe dire, & que moyennant quoi, vous en faites ce qui vous plait : mais je me tais, Madame, je me tais.

LUCILE.

Je me tais , Madame, je me tais. Ne diroit-on

pas que vous y entendez finelle, avec votre férieux?
qu'est-ce que c'est que ces discours-là, que j'ai la
fotte bonté de relever, & qui nous écartent? Est-
ce que vous avez envie de vous dédire?

DAMIS.

Ne vous ai-je pas dit, Madame, qu'il pourroit,
dans la converfation, m'échaper des choles qui ne
dévoient point vous allarmer? Soyez donc tran-
quille vous avez ma parole; que je tiendrai.

LUCILE.

Vous y êtes auffi intereffé que moi.

DAMIS.

C'est une autre affaire.

LUCILE.

Je crois que c'est la même.

DAMIS.

Non, Madame, toute differente : car enfin, je
pourrois vous aimer.

LUCILE.

Oüi da! mais je ferois pourtant bien aife de fçavoir ce qui en est, à vous parler vrai.

DAMIS.

Ah! c'est ce qui ne fe peut pas, Madame, j'ai
promis de me taire là-deffus. J'ai de l'amour, ou
je n'en ai point; je n'ai pas juré de n'en point avoir,
mais j'ai juré de ne le point dire en cas que j'en
euffe, & d'agir comme s'il n'en étoit rien : Voilà
tous les engagemens que vous m'avez fait prendre,
& que je dois refpecter de peur du reproche. Du
refte, je fuis parfaitement le maitre, & je vous aimerai, s'il me plait; ainfi, peut-être que je vous
aime, peut-être que je me facrifie, & ce font mes
affaires.

LUCILE.

Mais, voilà qui est extrémement commode!
Voyez avec quelle legereté Monfieur traite cette
matiere-là: je vous aimerai, s'il me plait: peut-être
que je vous aime; pas plus de façon que cela : que

je l'approuve ou non, on n'a que faire que je le
fçache. Il faut donc prendre patience ; mais dans
le fond, fi vous m'aimiez avec cet air dégagé que
vous avez, vous feriez affeurement le plus grand
Comedien du monde, & ce caractere-là n'eft pas
des plus honnêtes à porter, entre vous & moi.

D A M I S.

Dans cette occafion cy, il feroit plus fatiguant
que malhonnête.

L U C I L E.

Quoiqu'il en foit, en voilà affez, je m'apper-
çois que ces plaifanteries là tendent à me dégoû-
ter de la converfation : Vous vous ennuyez &
moi auffi ; feparons nous, voyez fi mon pere &
le vôtre ne font plus dans le Jardin, & quittons
nous s'ils ne nous obfervent plus.

D A M I S.

Eh non, Madame, il n'y a qu'un moment que
nous fommes enfemble.

S C E N E   IX.

DAMIS, LUCILE, LISETTE.

L I S E T T E.

MAdame, il vient d'arriver compagnie qui
eft dans la falle avec Monfieur Orgon, &
il m'envoye vous dire qu'on va fe mettre au jeu.

L U C I L E.

Moi jouër ? Eh mais mon pere fçait bien que je
ne jouë jamais qu'à contre cœur, dites lui que je le
prie de m'en difpenfer.

L I S E T T E.

Mais, Madame la Compagnie vous demande.

L U C I L E.

Oh ! que la Compagnie attende, dites que vous
ne me trouvez pas.

L I S E T T E.

LISETTE.

· Et Monſieur, vient-il ? apparemment qu'il joue.

DAMIS.

Moi, je ne connois pas les cartes.

LUCILE.

Allez, dites à mon pere que je vais dans mon cabinet, & que je ne me montrerai qu'après que les parties ſeront commencées.

LISETTE *en s'en allant.*

Que diantre veulent-t'ils dire, de ne venir ni l'un ni l'autre?

❖❖❖❖❖❖❖❖❖❖ ❖❖❖❖❖❖❖❖❖

SCENE X.

DAMIS, LUCILE.

DAMIS *d'un air embarraſſé.*

Vous n'aimez donc pas le jeu, Madame?

LUCILE.

Non, Monſieur.

DAMIS.

Je me ſçais bon gré de vous reſſembler en cela.

LUCILE.

Ce n'eſt-là ny une vertu, ny un défaut; mais, Monſieur, puiſqu'il y a Compagnie, que n'y allez-vous, elle vous amuſeroit.

DAMIS.

Je ne ſuis pas en humeur de chercher des amuſemens.

LUCILE.

Mais eſt-ce que vous reſtez avec moi?

DAMIS.

Si vous me le permettez.

LUCILE.

Vous n'avez pourtant rien à me dire.

D

DAMIS.

En ce moment, par exemple, je rêve à notre avanture ; elle eft fi finguliere qu'elle devroit être unique.

LUCILE.

Mais je crois qu'elle l'eft auffi.

DAMIS.

Non, Madame, elle ne l'eft point. Il n'y a pas plus de fix mois qu'un de mes amis & une perfonne qu'on vouloit qu'il époufât, fe font trouvés tous deux dans le même cas que vous & moi : même réfolution de ne point fe marier avant que de fe connoitre, même convention entre eux , mêmes promeffes que moi de la défaire de lui.

LUCILE.

C'eft-à-dire qu'il y manqua, cela n'eft pas rare.

DAMIS.

Non, Madame , il les tint : mais notre cœur fe moque de nos refolutions.

LUCILE.

Affez fouvent, à ce qu'on dit.

DAMIS.

La Dame en queftion étoit très-aimable ; beaucoup moins que vous , pourtant , voilà toute la différence que je trouve dans cette hiftoire.

LUCILE.

Vous êtes bien galant.

DAMIS.

Non, je ne fuis qu'Hiftorien exact ; au refte Madame, je vous raconte ceci dans la bonne foi, pour nous entretenir & fans aucun deffein.

LUCILE.

Oh ! je n'en imagine pas davantage ; pourfuivez : Qu'arriva-t'-il entre la Dame & votre ami ?

DAMIS.

Qu'il l'aima ?

LUCILE.

Cela étoit embarraffant.

D A M I S.

Ouy certes; car il s'étoit engagé à se taire aussi bien que moi.

L U C I L E.

Vous m'allez dire qu'il parla.

D A M I S.

Il n'eut garde à cause de la parole donnée, & il ne vit qu'un parti à prendre qui est singulier, ce fut de lui dire, comme je vous disois tout à l'heure, ou je vous aime ou je ne vous aime pas, & d'ajoûter qu'il ne s'enhardiroit à dire la verité que lorsqu'il la verroit elle-même un peu sensible; je fais un récit, souvenez-vous en.

L U C I L E.

Je le sçais; mais votre ami étoit un impertinent, proposer à une femme de parler la premiere, il faudroit être bien affamée d'un cœur pour l'acheter à ce prix-là.

D A M I S.

La Dame en question n'en jugea pas comme vous, Madame; il est vrai qu'elle avoit du penchant pour lui.

L U C I L E.

Ah! c'est encore pis: Quel lâche abus de la foiblesse d'un cœur! C'est dire à une femme: veux-tu sçavoir mon amour, subis l'opprobre de m'avoüer le tien; deshonore-toi & je t'instruits. Quelle épouvantable chose! Et le vilain ami que vous avez-là!

D A M I S.

Prenez garde; cette Dame sentit que cette proposition toute horrible qu'elle vous paroît ne venoir que de son respect & de sa crainte, & que son cœur n'osoit se risquer sans la permission du sien; l'aveu d'un amour qui eût déplû n'eût fait qu'allarmer la Dame, & lui faire craindre que mon ami ne hâtât perfidement leur mariage; elle sentit tout cela.

LUCILE.

Ah ! n'achevez pas, j'ai pitié d'elle, & je devine le reste : mais mon inquiétude est de sçavoir comme s'y prend une femme en pareil cas : de quel tour peut-elle se servir ? j'oublierois le François, moi, s'il falloit dire je vous aime, avant qu'on me l'eût dit.

DAMIS.

Il en agit plus noblement, elle n'eut pas la peine de parler.

LUCILE.

Ah ! passe pour cela.

DAMIS.

Il y a des manieres qui valent des paroles ; on dit je vous aime avec un regard, & on le dit bien.

LUCILE.

Non, Monsieur, un regard c'est encore trop ; je permets qu'on le rende, mais non pas qu'on le donne.

DAMIS.

Pour vous, Madame, vous ne rendriez que de l'indignation.

LUCILE.

Qu'est-ce que cela veut dire, Monsieur ? Est-ce qu'il est question de moi ici ? Je crois que vous vous divertissez à mes dépens. Vous vous amusez je pense, vous en avez tout l'air en verité vous êtes admirable ! Adieu Monsieur, on dit que vous aimez ma sœur, terminez la désagréable situation où je me trouve en l'épousant : Voilà tout ce que je vous demande.

DAMIS.

Je continuerai de feindre de la servir, Madame ; c'est tout ce que je puis vous promettre. [*En s'en allant*] Que de mépris !

❖❖❖❖❖❖❖❖❖❖❖❖❖❖❖❖❖❖❖❖❖❖❖

SCENE XI.

LUCILE *seule.*

IL faut avoüer qu'on a quelquefois des inclina-
tions bien bizarres ! D'où vient que j'en ai pour
cet homme-là qui n'est point aimable ?

Fin du second Acte.

ACTE III.

SCENE PREMIERE.

PHENICE, DAMIS.

PHENICE.

NON, Monsieur, je vous l'avouë, je ne sçaurois plus souffrir le personnage que vous jouez auprès de moi, & je le trouve inconcevable ; vous n'êtes venu que pour épouser ma Sœur, elle est aimable, & vous ne lui parlez point : ce n'est qu'à moi que vos conversations s'adressent. J'y comprendrois quelque chose si l'amour y avoit part ; mais vous ne m'aimez point, il n'en est pas question.

DAMIS.

Rien ne seroit pourtant plus aisé que de vous aimer, Madame.

PHENICE.

A la bonne heure, mais rien ne seroit plus inutile, & je ne serois pas en situation de vous écouter: Quoi qu'il en soit, ces façons-là ne me conviennent point, je l'ai deja marqué, je vous l'ai fait dire, & je vous demande en grace de cesser vos poursuites ; car enfin vous n'avez pas dessein de me désobliger je pense.

DAMIS.

Moi, Madame ?

PHENICE.

Sur ce pied-là, finissez donc, ou je vous y forceray moi-même.

DAMIS.
Vous me défendrez donc de vous voir?
PHENICE.
Non, Monfieur : mais on s'imagine que vous
m'aimez ; vos façons l'ont perfuadé à tout le monde,
& je ne le nierai pas, je ne paroitrai point m'y de-
plaire, & je vous réduirai peut-être ou à la néceffité
de m'époufer en dépit de votre goût, ou à fuir en
homme imprudent ; j'adoucis le terme, en homme
inexcufable, qui n'aura pas rougi de violer tous les
égards, & de fe moquer tour à tour, de deux Filles
de condition, dont la moindre peut fixer le plus
honnête homme : de forte que vous rifquez ou le
facrifice de votre cœur, ou la perte de votre répu-
tation ; deux objets qui valent bien qu'on y penfe.
Mais, dites-moi, eft-ce que vous n'aimez point
ma Sœur ?
DAMIS.
Si je l'époufois, je n'en ferois pas fâché.
PHENICE.
Ou je n'y connois rien, ou je crois qu'elle ne le
feroit pas non plus. Pourquoi donc ne vous accor-
dez-vous pas?
DAMIS.
Ma foi je l'ignore.
PHENICE.
Mais ce n'eft pas-là parler raifon.
DAMIS.
Je ne fçaurois pourtant y en mettre davantage.
PHENICE.
Ce font vos affaires ; & je m'en tiens à ce que je
vous ai dit. Voici mon pere avec ma fœur, de gra-
ce retirez-vous avant qu'ils puiffent vous voir.
DAMIS.
Mais, Madame.
PHENICE.
Oh, Monfieur, trève de raillerie.

SCENE II.

M. ORGON, LUCILE, PHENICE.

M. ORGON, *parlant à Lucile avec qui il entre.*

NOn, ma fille, je n'ai jamais prétendu vous contraindre: quelque chose que vous me disiez, il est certain que vous ne l'aimez pas; ainsi n'en parlons plus. [*Phenice veut s'en aller.*]

M. Orgon continuë. Restez, Phenice, je vous cherchois, & j'ai un mot à vous dire. Ecoutez-moi toutes deux. Damis vouloit épouser votre sœur; c'étoit là notre arrangement. Nous sommes obligés de le changer; le cœur de Lucile en dispose autrement: elle ne l'avouë pas; mais ce n'est que par pure complaisance pour moi, & j'ai quitté ce projet-là.

LUCILE.

Mais, mon pere, vous dirois-je que j'aime Damis? Cela ne siéroit pas; c'est un langage qu'une fille bien née ne sçauroit tenir, quand elle en auroit envie.

M. ORGON.

Encore! Et si je vous disois que c'est de Lisette elle-même que je sçai qu'il ne vous plait pas, ma fille? A quoi bon s'en défendre? Je vous dispense de ces considerations là pour moi; & pour trancher net, vous ne l'épouserez point: vos dégoûts pour lui n'ont été que trop marqués, & je le destine à votre sœur à qui son cœur se donne, & qui ne lui refuse pas le sien, quoiqu'elle aille de son côté me dire le contraire à cause de vous.

PHENICE.

Moi l'épouser, mon Pere.

M. ORGON.

M. ORGON.

Nous y voilà, je fçavois votre réponse avant
que vous me la fiffiez, je vous connois toutes
deux; l'une de peur de me fâcher, épouseroit ce
qu'elle n'aime pas; l'autre par retenuë pour fa
Sœur, refuferoit d'époufer ce qu'elle aime; vous
voyez bien que je fuis au fait, & que je fçais
vous interpreter; d'ailleurs je fuis bien inftruit, &
je ne me trompe pas.

LUCILE à part à Phenice.

Parlez donc, vous voilà comme une Statuë?

PHENICE.

En verité je ne fçaurois penfer que ceci foit férieux.

LUCILE.

Prenez garde à ce que vous ferez, mon Pere,
vous vous méprenez fur ma Sœur, & je lui vois
prefque la larme à l'œil.

M. ORGON.

Si elles ne font pas folles, c'eft moi qui ai perdu l'efprit; adieu je vais informer Monfieur Ergafte
du nouveau Mariage que je médite, fon amitié
ne m'en dédira pas: Pour vous, mes enfans, plaignez
vous, c'eft moi qui ai tort; en effet j'abufe du
pouvoir que j'ai fur vous, plaignez-vous, je vous
le confeille, & cela foulage; mais je ne veux pas
vous entendre, vous m'attendririez trop; allez,
fortez, fans me répondre, & laiffez-moi parler
à Monfieur Ergafte qui arrive.

LUCILE en partant.

J'étouffe!

E

✿✿✿✿✿✿ ✿ ✿ ✿ ✿ ✿✿✿✿✿✿

SCENE. III.

M. ERGASTE, M. ORGON, FRONTAIN.

M. ERGASTE.

VOUS voyez un homme confterné, mon cher Ami, je ne vois nulle apparence au Mariage en queftion, à moins que de violenter des cœurs qui ne femblent pas faits l'un pour l'autre ; je ne fçaurois cependant pardonner à mon Fils d'avoir cedé fi vite à l'indifférence de Lucile ; j'ai même été jufqu'à le foupçonner d'aimer ailleurs, & voici fon Valet à qui j'en parlois : mais, foit que je me trompe ou que ce Coquin n'en veüille rien dire, tout ce qu'il me répond, c'eft que mon Fils ne plait pas à Lucile, & j'en fuis au defefpoir.

FRONTAIN *derriere.*

Meffieurs, un Coquin n'eft pas agréable à voir, voulez-vous que je me retire ?

M. ERGASTE.

Attens.

M. ORGON.

Ne vous fichez pas, Monfieur Ergafte, il y a remede à tout, & nous n'y perdrons rien, fi vous voulez.

M. ERGASTE.

Parlez, mon cher Amy, j'applaudis d'avance à vos intentions.

M. ORGON.

Nous avons une reffource.

M. ERGASTE.

Je n'ofois la propofer, mais effectivement j'en vois une avec tout le monde.

M. ORGON.

Il n'y a qu'à changer d'objet ; subſtituons la cadette à l'aînée, nous ne trouverons point d'obſtacle, c'eſt un expedient que l'Amour nous indique.

M. ERGASTE.

Entre vous & moi, mon Fils a paru tout d'un coup pancher de ce côté-là.

M. ORGON.

A vous parler confidemment, ma cadette ne hait pas ſon penchant.

M. ERGASTE.

Il n'y a perſonne qui n'ait remarqué ce que nous diſons-là ; c'eſt un coup de ſympatie viſible.

M. ORGON.

Ma foi, rendons-nous-y, marions-les enſemble.

M. ERGASTE.

Vous y conſentez ? Le Ciel en ſoit loüé ! voilà ce qu'on appelle une veritable union de cœurs, un vrai Mariage d'inclination, & jamais on n'en devroit faire d'autre : Vous me charmez, eſt-ce une choſe concluë ?

M. ORGON.

Aſſûrément, je viens d'en avertir ma Fille

M. ERGASTE.

Je vous rends grace, ſouffrez à preſent que je diſe un mot à ce Valet, & je vous rejoints ſur le champ.

M. ORGON.

Je vous attends, faites.

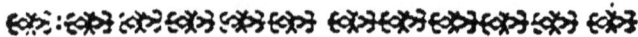

SCENE IV.

M. ERGASTE, FRONTAIN.

M. ERGASTE.

APprcches.

FRONTAIN.

Me voilà, Monfieur.

M. ERGASTE.

Ecoutes, & retiens bien la commiffion que je te donne.

FRONTAIN.

Je n'ai pas beaucoup de memoire, mais avec du zele on s'en paffe.

M. ERGASTE.

Tu diras à mon Fils, que ce n'eft plus à Lucile à qui on le deftine, & qu'on lui accorde aujourd'hui ce qu'il aime.

FRONTAIN.

Et s'il me demande ce que c'eft qu'il aime, que lui dirai-je ?

M. ERGASTE.

Va va, il fçaura bien que c'eft de Phenice dont on parle.

FRONTAIN, *en s'en allant.*

Je n'y manquerai pas, Monfieur.

M. ERGASTE.

Où vas tu?

FRONTAIN.

Faire ma commiffion.

M. ERGASTE.

Tu es bien preffé, ce n'eft pas-là tout.

FRONTAIN.

Allons, Monfieur, tant qu'il vous plaira, ne m'épargnez point.

M. ERGASTE.

Dis lui qu'il remercie Monſieur Orgon de la
bonté qu'il a de n'être pas fâché dans cette occa-
ſion-ci ; car ſi Damis n'épouſe pas Lucile, je ga-
gerois bien que c'eſt à lui à qui il faut s'en prendre;
dis-lui que je lui pardonne en faveur de ce nouveau Mariage, le chagrin qu'il a riſqué de me donner : mais que s'il me trompoit encore ; ſi après les
empreſſemens qu'il a marqués pour Phenice, il
heſitoit à l'épouſer ; s'il faiſoit encore cette injure à
Monſieur Orgon, que je ne veux le voir de ma
vie, & que je le desherite ; je ne lui parlerai pas
même que je ne ſois content de lui.

FRONTAIN *riant.*

Eh eh eh . . . . . je remarque que ce n'eſt qu'en
baiſſant le ton que vous prononcez le terrible mot
de desheriter ; vous en êtes effrayé vous même,
la tendreſſe paternelle eſt admirable !

M. ERGASTE.

Faquin, on a bien affaire de tes reflexions : Obéïs,
le reſte me regarde.

❖❖❖❖❖❖❖❖❖ ❖ ❖❖❖❖❖❖❖❖❖ ❖

SCENE V.

FRONTAIN, LISETTE.

LISETTE.

JE te cherchois, Frontain, & j'attendois que
Monſieur Ergaſte t'eût quitté pour te parler,
& ſçavoir ce qu'il te diſoit : Il ſemble que les affaires
vont mal ; ma Maîtreſſe ne me voit pas de bon œil ;
ſçais-tu de quoi il s'agit . . . réponds donc ?

FRONTAIN.

La peur d'être desherité me coupe la parole.

LISETTE.

Qu'eſt-ce que tu veux dire ?

E iij

FRONTAIN.

D'être désherité, te dis-je, ou d'épouſer Phenice.

LISETTE.

Comment donc d'épouſer Phenice ? Ah ! Frontain, où en ſommes-nous ? Voilà donc pourquoi Lucile m'a ſi bien reçûë tout à l'heure; elle a ſçû que j'ai
dit à ſon Pere qu'elle n'aimoit point Damis, que
Damis ſe déclaroit pour ſa Sœur, on veut à preſent
qu'il l'épouſe; je n'ai point prévû ce coup-là, & je
me compte diſgraciée, j'ai vû Lucile trop inquiette;
Apparamment que ton Maitre ne lui eſt point indifferent; & je perds tout ſi elle me congedie !

FRONTAIN.

Je ne vois donc de tous côtés pour nous, que
des diètes.

LISETTE.

Voilà ce que c'eſt que de n'avoir pas laiſſé aller les
choſes : Je crois que nos gens s'aimeroient ſans
nous ; maudite ſoit l'ambition de gouverner chacun notre menage !

FRONTAIN.

Ah, mon enfant, tu as beau dire, tous les
Gouvernemens ſont lucratifs, & le Celibat où
nous les tenions n'étoit pas mal imaginé ; le pis
que j'y trouve, c'eſt que je t'aime, & que tu n'en
es pas quitte à meilleur marché que moi.

LISETTE.

Eh ! que n'as-tu eu l'eſprit de m'aimer tout d'un
coup, j'aurois fait changer d'avis à Lucile.

FRONTAIN.

Voilà notre tort, c'eſt de n'avoir pas prévû l'in-
faillible effet de nos merites. Mais, ma mie, notre
mal eſt-il ſans remede ? je ſoupçonne, comme toi,
que nos gens ne ſe haïſſent point dans le fond ; &
il n'y auroit qu'à les en faire convenir pour nous
tirer d'affaire: tâchons de leur rendre ce ſervice-là

LISETTE.

Nous avons bien aigri les choses. N'importe, voici ton Maître ; changeons adroitement de batterie, & tâchons de le gagner.

❖❖ ❖❖❖❖❖❖❖❖ ❖❖❖❖❖❖❖❖ ❖❖

SCENE VI.

FRONTAIN, LISETTE, DAMIS.

DAMIS.

AH! te voilà, Frontain : bonjour, Lisette. De quoi mon pere t'a-t-il chargé pour moi, Frontain ? il vient de m'avertir, sans vouloir l'expliquer, que tu avois quelque chose à me dire de sa part.

FRONTAIN.

Oui, Monsieur, il s'agit de deux ou trois petits articles que je disois à Lisette, & qui ne sont pas fort curieux.

DAMIS.

Dis-les sans les compter.

FRONTAIN.

Vous m'excuserez, le calcul arrange. Le premier, c'est qu'il ne veut plus entendre parler de vous.

DAMIS.

Qui ? mon pere !

FRONTAIN.

Lui-même. Mais ce n'est pas là l'essentiel : le second, c'est qu'il vous déshérite.

DAMIS.

Moi ! Ce que tu me dis-là n'est pas concevable ?

FRONTAIN.

Il ne m'a pas chargé de vous le faire concevoir. Enfin, le troisiéme, c'est que les deux premiers seront nuls, si vous épousez Phenice.

E iiij

DAMIS.

Quoi ! l'on veut m'obliger....

FRONTAIN.

Prenez garde, Monsieur, ne confondons point, parlons exactement. Ma commission ne porte point qu'on vous oblige; on n'attaque point votre liberté, voyez-vous : vous êtes le maître d'opter entre Phenice ou votre ruine, & l'on s'en rapporte à votre choix.

LISETTE.

La jolie grace ! C'est que sur le penchant qu'on vous croit pour elle : on ne veut pas que vous balanciez à l'épouser après le refus que vous avez paru faire de sa sœur.

FRONTAIN.

Mais cette sœur, nous ne la refusons point dans le fond : n'est-il pas vrai, Monsieur ?

DAMIS

Passe encor, s'il étoit question d'elle.

LISETTE.

Eh, Monsieur, que n'avez-vous parlé? Pourquoi ne m'avoir pas confié vos sentimens ?

DAMIS.

Mais, mes sentimens, quand ils seroient tels que vous les croyez, ne sçavez-vous pas bien les siens, Lisette?

LISETTE.

Ne vous y trompez pas, depuis vos conventions, je ne la vois plus que triste & rêveuse.

FRONTAIN.

Je l'ai rencontrée ce matin qui étouffoit un soupir en s'essuyant les yeux.

LISETTE.

Elle qui aimoit sa sœur, & qui étoit toûjours avec elle, je la vois aujourd'hui la fuir & se détourner pour l'éviter. Qu'est-ceque cela signifie ?

FRONTAIN.

Et moi, quand je la salüé, elle a toûjours envie

de me le rendre. D'où vient cela, finon de l'honneur que j'ai d'être à vous?

LISETTE.

Tu n'as peut-être pas tant de tort. Au moins, Monfieur, je vous demande le fecret; profitez-en, voilà tout.

DAMIS.

Je vous l'avouë, Lifette, tout ce que vous me dites-là, fi vous êtes fincere, pourroit m'être d'un bon augure; & fi j'ofois foupçonner la moindre des difpofitions dans fon cœur. . . .

FRONTAIN.

Iriez-vous lui donner le vôtre? Ah, Monfieur, le beau prefent que vous lui feriez-là !

DAMIS.

Ecoutez: c'eft pourtant cette même perfonne, qui, au premier inftant qu'elle m'a vû, a marqué affez nettement de l'averfion pour moi, qui m'a fait foupçonner qu'elle aimoit ailleurs !

LISETTE.

Pur difcours de mauvaife humeur qu'elle a tenu là, je vous affure.

DAMIS.

Soit : mais fouvenez-vous qu'elle a exigé que je ne l'époufaffe point; qu'elle me l'a demandé par tout l'honneur dont je fuis capable : que c'eft elle peut-être, qui pour fe débarraffer tout-à-fait de moi, contribuë aujourd'hui au nouveau mariage qu'on veut que je faffe; en un mot, je ne fçais qu'en penfer moi-même. Je puis me tromper, peut-être vous trompez-vous auffi; & fans quelques preuves un peu moins équivoques de fes fentimens, je ne fçaurois me déterminer à violer les paroles que je lui ai données; non pas que je les eftime plus qu'elles valent, elles ne feroient rien pour un homme qui plairoit : mais elles doivent lier tout homme qu'on hait, & dont on les a exigées comme une fûreté contre lui. Quoi qu'il en foit, voici

Lucile qui vient; je n'attens d'elle que le moindre petit accueil pour me déclarer, & son seul abord va décider de tout.

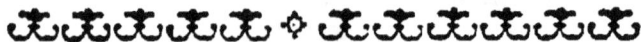

❧❧❧❧❧ ✦ ❧❧❧❧❧

SCENE VII.

LUCILE, LISETTE, DAMIS, FRONTAIN.

LUCILE.

J'Ai à vous parler pour un moment, Damis; notre entretien sera court; je n'ai qu'une question à vous faire, vous qu'un mot à me répoudre; & puis je vous fuis, je vous laisse.

DAMIS.

Vous n'y serez point obligée, Madame, & j'aurai soin de me retirer le premier [*à part*] Hé bien, Lisette?

LUCILE.

Le premier ou le dernier, je vous donne la préference. Etes-vous si gêné? retirez-vous tout-à-l'heure: Lisette vous rendra ce que j'ai à vous dire.

DAMIS *se retirant.*

Je prends donc ce parti comme celui qui vous convient le mieux, Madame. *Il feint de s'en aller.*

LUCILE.

Qu'il s'en aille; l'arrêtera qui voudra.

LISETTE.

Eh! Mais vous n'y pensez pas! Revenez donc, Monsieur, est-ce que la guerre est déclarée entre vous deux?

DAMIS.

Madame débute par m'annoncer qu'elle n'a qu'un mot à me dire; & puis qu'elle me fuit: n'est-ce pas m'insinuer qu'elle a de la peine à me voir?

LUCILE.

Si vous sçaviez l'envie que j'ai de vous laisser-là!

DAMIS.

Je n'en doute pas, Madame: mais ce n'eſt pas
à preſent qu'il faut me fuir; c'étoit dès le premier
inſtant que vous m'avez vû & que je vous déplai-
fois, qu'il falloit le faire.

LUCILE.

Vous fuir dès le premier inſtant? Pourquoi donc,
Monſieur? Cela ſeroit bien ſauvage ; on ne fuit
point ici à la vûë d'un homme.

LISETTE.

Mais, quel eſt le travers qui vous prend à tous
deux? Faut-il que des perſonnes qui ſe veulent
du bien ſe parlent comme s'ils ne pouvoient ſe ſouffrir? Et vous, Monſieur, qui aimez ma Maitreſſe;
car vous l'aimez, je gage. [*Ces mots-là ſe diſent en*
faiſant ſigne à Damis.]

LUCILE.

Que vous êtes ſotte? Allez, viſionnaire, allez
perdre vos gageures ailleurs. A qui en veut-elle?

LISETTE.

Oui, Madame, je ſors; mais avant que de partir, il faut que je parle. Vous me demandez à qui
j'en veux? A vous deux, Madame, à vous deux.
Oui, je voudrois de tout mon cœur ôter à Monſieur qui ſe tait & dont le ſilence m'agite le ſang,
je voudrois lui ôter le ſcrupule du ridicule engagement qu'il a pris avec vous, que je me repens de
vous avoir laiſſé prendre, & dont vous ſouffrez
autant l'un que l'autre. Pour vous, Madame, je
ne ſçais pas comment vous l'entendez; mais ſi jamais un homme avoit fait ferment de ne me pas dire Je vous aime , oh! je ferois ferment qu'il en
auroit le démenti: il ſçauroit le reſpect qui me ſeroit dû; je n'y épargnerois rien de tout ce qu'il y
a de plus dangereux, de plus fripon, de plus aſſaſſin
dans l'honnête coqueterie des mines, du langage,
& du coup d'œil: voilà à quoi je mettrois ma gloi-
re; & non pas à me tenir douloureuſement ſur mon

quant-à-moi, comme vous faites, & à me dire :
Voyons ce qu'il dit, voyons ce qu'il ne dit pas ;
qu'il parle, qu'il commence, c'est à lui, ce n'est pas
à moi, mon sexe, ma fierté, les bienséances, &
mille autres façons inutiles avec Monsieur qui
tremble, & qui a la bonté d'avoir peur que son
amour ne vous allarme & ne vous fâche. De l'a-
mour nous fâcher ! De quel pays venez-vous donc?
Eh ! mort de ma vie, Monsieur, fâchez hardiment,
faites nous cet honneur-là ; courage, attaquez-
nous ; cette cérémonie-là fera votre fortune, &
vous vous entendrez ; car jusqu'ici on ne voit goute
à vos discours à tous deux : il y a du oüi, du non,
du pour, du contre ; on fuit, on revient, on se
rappelle, on n'y comprend rien. Adieu, j'ai tout
dit ; vous voilà débrouillés, profitez-en. Allons,
Frontain.

SCENE VIII.

DAMIS, LUCILE.

LUCILE.

JUSTE Ciel, quelle impertinence ! Où a t'elle
pris tout ce qu'elle nous dit-là ? d'où lui viennent, sur tout, de pareilles idées sur votre compte ?
Au reste, elle ne me menage pas plus que vous.

DAMIS.

Je ne m'en plains point, Madame.

LUCILE.

Vous m'excuserez, je me mets à votre place ;
il n'est point agréable de s'entendre dire de certaines choses en face.

DAMIS.

Quoy, Madame ! est-ce l'idée qu'elle a que je
vous aime, que vous trouvez si désagréable pour
moy?

LUCILE.

Mais defagréable ; je ne dis pas que fon erreur vous faffe injure , mon humilité ne va pas juf-ques-là. Mais à propos de quoy cette folle-là vient-elle vous pouffer là-deffus ?

DAMIS.

A propos de la difficulté qu'elle s'imagine qu'il y a à ne vous pas aimer, cela eft tout fimple ; & fi j'en voulois à tous ceux qui me foupçon-neroient d'amour pour vous , j'aurois querelle avec tout le monde.

LUCILE.

Vous n'en auriez pas avec moy.

DAMIS.

Oh! vraiment je le fçai bien, fi vous me foupçon-niez, vous ne feriez pas là, vous fuiriez, vous deferteriez.

LUCILE.

Qu'eft-ce que c'eft que deferter, Monfieur ? Vous avez là des expreffions bien gracieufes, & qui font un joli portrait de mon caractère ; j'aime affez l'efprit hétéroclite que cela me donne : Non, Monfieur, je ne deferterois point ; je ne croirois pas tout perdu, j'aurois affez de tête pour foûte-nir cet accident là, ce me femble ; alors comme alors, on prend fon parti, Monfieur, on prend fon parti.

DAMIS.

Il eft vrai qu'on peut, ou haïr ou méprifer les gens de près comme de loin.

LUCILE.

Il n'eft pas queftion de ce qu'on peut ; j'ignore ce qu'on fait dans une fituation où je ne fuis pas ; & je crois que vous ne me donnerez jamais la peine de vous haïr.

DAMIS.

J'aurai pourtant un plaifir, c'eft que vous ne fçaurez point fi je fuis digne de haine à cet égard là ; je dirai toûjours, peut-être.

LUCILE.

Ce mot là me dép'ait, Monsieur, je vous l'ai
déja dit.

DAMIS.

Je ne m'en servirai plus, Madame ; & si j'a-
vois la liste des mots qui vous choquent, j'aurois grand soin de les éviter.

LUCILE.

La liste est encore amusante ! Eh bien, je vais
vous dire où elle est moi ; vous la trouverez
dans la regle des Egards qu'on doit aux Dames ;
vous y verrez qu'il n'est pas bien de vous divertir avec un peut-être, qui ne fera pas fortune
chez moi, qui ne m'intriguera pas, car je sçai à
quoi m'en tenir ; c'est en badinant que vous le dites ;
mais c'est un badinage qui ne vous sied pas ; ce
n'est pas là le langage des hommes ; on n'a pas
mis leur modestie sur ce pied-là : Parlons d'autre
chose ; je ne suis pas venue ici sans motif, écoutez-
moi ; vous sçavez, sans doute , qu'on veut vous
donner ma Sœur.

DAMIS.

On me l'a dit, Madame.

LUCILE.

On croit que vous l'aimez ; mais moi qui ai re-
flechi sur l'origine des empressemens que vous
avez marqués pour elle ; je crains qu'on ne s'abuse,
& je viens vous demander ce qui en est.

DAMIS.

Eh que vous importe, Madame ?

LUCILE.

Ce qui m'importe ! (Voilà bien la question d'un
homme qui n'a ni frere ni sœur, & qui ne sçait pas
combien ils sont chers.) c'est que je m'interesse à elle, Monsieur ; c'est que si vous ne l'aimez pas , ce
seroit manquer de caractere ce me semble, ce seroit
même blesser les Loix de cette probité à qui vous
tenez tant, que de l'epouser avec un cœur qui
s'éloigneroit d'elle.

DAMIS.

Pourquoi donc, Madame? Avez vous inspiré qu'on me la donne? car j'ai tout lieu de soupçonner que vous en êtes cause, puisque c'est vous qui m'avez d'abord proposé de l'aimer; au reste, Madame, ne vous inquiétez point d'elle, j'aurai soin de son sort plus sincerement que vous; elle le merite bien.

LUCILE.

Qu'elle le merite ou non, ce n'est pas son éloge que je vous demande, ni à vos imaginations que je viens répondre: Parlez, Damis, l'aimez vous? Car s'il n'en est rien, ou ne l'épousez pas, ou trouvez bon que j'avertisse mon pere qui s'y trompe, & qui seroit au desespoir de s'y être trompé.

DAMIS.

Et moi, Madame, si vous lui dites que je ne l'aime point; si vous executez un dessein, qui ne tend qu'à me faire sortir d'ici, avec la haine & le couroux de tout le monde; si vous l'executez, trouvez bon qu'en revanche, je retire toutes mes paroles avec vous, & que je dise à Monsieur Orgon, que je suis prêt de vous épouser quand on le voudra, dès-aujourd'hui s'il le faut.

LUCILE.

Oüy-da, Monsieur, le prenez-vous sur ce ton menaçant? Oh, je sçai le moyen de vous en faire prendre un autre; allez votre chemin, Monsieur, poursuivez, je ne vous retiens pas; allez pour vous venger, violer des promesses dont l'oubli ne seroit tout au plus pardonnable, qu'à quiconque auroit de l'amour; courez vous punir vousmême, vous ne manquerez pas votre coup; car je vous déclare que je vous y aiderai moi. Ah! vous m'épouserez, dites-vous, vous m'épouserez?& moi aussi, Monsieur, & moi aussi; je serai bien aussi vindicative que vous, & nous verrons qui se dédira de nous deux; assurément le compliment est admirable ! c'eſt une jolie petite partie à propoſer.

DAMIS.

Eh bien, ceſſez donc de me perſecuter, Madame.
J'ai le cœur incapable de vous nuire ; mais laiſſez-
moi me tirer de l'état où je ſuis ; contentez-vous
de m'avoir déja procuré ce qui m'arrive ; on ne
m'offriroit pas aujourd'hui votre Sœur, ſi pour vous
obliger je n'avois pas paru m'attacher à elle, ou
ſi vous n'aviez pas dit que je l'aimois : Souvenez-
vous que j'ai ſervi vos dégoûts pour moi, avec
un honneur, une fidelité ſurprenante, avec une fidelité que je ne vous devois point ; que tout autre, à ma place, n'auroit jamais eu, & ce pro-
cedé ſi loüable, ſi genereux, mérite bien que vous
laiſſiez en repos un homme qui peut avoir porté
la vertu juſqu'à ſe ſacrifier pour vous ; je ne veux
pas dire que je vous aime ; non, Lucile, raſſurez-
vous ; mais enfin vous ne ſçavez pas ce qui en eſt,
vous en pourriez douter ; vous êtes aſſez aimable pour cela, ſoit dit ſans vous loüer ; je puis vous
épouſer, vous ne le voulez pas, & je vous quitte :
En verité, Madame, tant d'ardeur à me faire du
mal, récompenſe mal un ſervice, que tout le
monde, hors vous, auroit ſoupçonné d'être difficile
à rendre : Adieu, Madame. [*Il s'en va.*]

LUCILE.

Mais, attendez donc, attendez donc, donnez-
moi le tems de me juſtifier, ne tient-il qu'à s'en
aller, quand on a chargé les gens de noirceurs
pareilles.

DAMIS.

J'en dirois trop ſi je reſtois.

LUCILE.

Oh vous ferez comme vous pourrez ; mais il
faut m'entendre.

DAMIS.

Après ce que vous m'avez dit, je n'ay plus
rien à ſçavoir qui m'intereſſe.

LUCILE.

LUCILE.

Ni moi plus rien à vous répondre ; il n'y a qu'une chose qui m'étonne, & dont je ne devine pas la raison ; c'est que vous osiez vous en prendre à moi d'un mariage que je vois qui vous plait ; le motif de cette hypocrisie là me paroit aussi ridicule qu'inconcevable, à moins que ce ne soit ma Sœur qui vous y engage, pour me cacher l'accord de vos cœurs, & la part qu'elle a à un engagement que j'ai refusé, dont je ne voudrois jamais, & que je la trouve bien à plaindre de ne pas refuser elle-même. [*Elle sort.*]

SCENE IX.

FRONTAIN, DAMIS *consterné.*

FRONTAIN.

EH bien, Monsieur, à quoi en êtes-vous?

DAMIS.

Au plus malheureux jour de ma vie; laisse-moi.
[*Il sort.*]

SCENE X.

FRONTAIN.

VOILA une avanture qui a tout l'air de nous souffler notre patrimoine.

F

ACTE IV.

SCENE PREMIERE.

DAMIS, FRONTAIN.

DAMIS.

NON, Frontain, il n'y a plus rien à tenter là-dessus ; Lisette a beau dire, on ne sçauroit s'expliquer plus nettement que l'a fait Lucile, & voilà qui est fini, il ne s'agit plus que d'éviter l'embarras où je suis du côté de Phenice ; va-t'elle bien-tôt venir, te l'a-t'elle bien assuré ?

FRONTAIN,

Oüi, Monsieur, je lui ai dit que vous l'attendiez ici, & vous allez la voir arriver dans un instant.

DAMIS.

Quelle bizarre situation que la mienne !

FRONTAIN.

Ma foy j'ai bien peur que Phenice n'en profite.

DAMIS.

Seroit-il possible qu'elle voulût épouser un homme qu'elle n'aime point.

FRONTAIN.

Ah ! Monsieur, une fille qui se marie n'y regarde pas de si près, elle est trop curieuse pour être délicate. Le Mariage rend tous les hommes si graciables, & d'ailleurs il est si aisé de s'accommoder de votre figure...

DAMIS.

Ah quel contre-tems ! je crois que voici mon Pere, je me sauve, il ne te parlera peut-être pas ; en tout cas, reviens me chercher ici près.

✧✦✧✦✧✦✧✦✧✦ ✦✧✦✧✦✧✦✧✦✧

SCENE II.

FRONTAIN, M. ERGASTE.

M. ERGASTE,

MON fils n'étoit-il pas avec toi tout-à-l'heure?

FRONTAIN.

Oüy, Monsieur, il me quitte.

M. ERGASTE.

Il me semble qu'il m'a évité.

FRONTAIN.

Lui, Monsieur, je crois qu'il vous cherche.

M. ERGASTE.

Tu me trompes.

FRONTAIN.

Moi, Monsieur, j'ai le caractere aussi vrai que la physionomie.

M. ERGASTE

Tu ne fais pas leur éloge ; mais passons, je sçai que tu ne manques pas d'esprit, & que mon fils te dit assez volontiers ce qu'il pense.

FRONTAIN.

Il pense donc bien peu de chose ; car il ne me dit presque rien.

M. ERGASTE.

Il aime Phenice qu'il va épouser ; je remarque cependant qu'il est triste & rêveur.

FRONTAIN.

Effectivement, & j'avois envie de lui en dire un mot.

M. ERGASTE.

Est-ce qu'il n'est pas content ?

FRONTAIN.

Bon, Monsieur, qui est-ce qui peut l'être dans la vie ?

M. ERGASTE.

Maraud.

FRONTAIN.

Je ne le suis pas de l'épithete, par exemple.

M. ERGASTE, *à part, les premiers mots.*

Je vois bien que je n'aprendrai rien ; mais, dis-moi, lui as-tu rapporté ce que je t'avois chargé de lui dire ?

FRONTAIN.

Mot à mot.

M. ERGASTE.

Que t'a-t-il répondu ?

FRONTAIN.

Attendez, je crois que vous ne m'avez pas dit de retenir sa réponse.

M. ERGASTE.

J'ai resolu de le laisser faire ; mais tu peus l'avertir que je lui tiendrai parole, s'il ne se conduit pas comme il le doit : Pour toi, sois sûr que je n'oublierai pas tes impertinences.

FRONTAIN.

Oh, Monsieur, vous avez trop de bonté pour avoir tant de memoire.

SCENE III.

FRONTAIN, PHENICE *arrive.*

FRONTAIN, *à part.*

IL est parbleu fâché ; mais il étoit tems qu'il partît ; voilà Phenice qui arrive.

PHENICE.

Hé bien, tu m'as dit que ton Maître m'attendoit ici, & je ne le vois pas.

FRONTAIN.

C'est qu'il s'est retiré à cause de Monsieur

Ergaste ; mais il se promene ici près où j'ai ordre de l'aller prendre.

PHENICE.

Va donc.

FRONTAIN.

Madame, oserois-je auparavant me flater d'un petit moment d'audience?

PHENICE.

Parles.

FRONTAIN.

Dans mon petit état de Subalterne, je regarde, j'examine ; & chemin faisant, je vois par-ci, par-là des gens que je n'aime point, d'autres qui me reviennent & à qui je me donnerois pour rien: ce ne laisseroit pas que d'être un present.

PHENICE.

Sans doute ; mais à quoi peut aboutir ce préambule?

FRONTAIN.

A vous préparer à la liberté que je vais prendre, Madame, en vous disant que vous êtes une de ces personnes privilegiées pour qui ce mouvement simpathique m'est venu.

PHENICE.

Je t'en suis obligée, mais acheve.

FRONTAIN.

Si vous sçaviez combien je m'interesse à votre sort à qui je vois prendre un si mauvais train...

PHENICE.

Explique toi mieux.

FRONTAIN.

Vous allez épouser Damis?

PHENICE.

On le dit.

FRONTAIN.

Motus! Je vous avertis que vous ne pouvez en épouser que la moitié.

PHENICE.

La moitié de Damis! Que veux-tu dire?

FRONTAIN.

Son cœur ne se marie pas, Madame, il reste garçon.

PHENICE.

Tu crois donc qu'il ne m'aime pas?

FRONTAIN.

Oh! oh vous n'en étes pas quitte à si bon marché.

PHENICE.

C'est-à-dire qu'il me hait.

FRONTAIN.

Ne sera-t'il pas trop malhonnête de vous l'avouer.

PHENICE.

Eh, dis-moi, n'aimeroit-t'il pas ma sœur?

FRONTAIN.

A la fureur.

PHENICE.

Eh que ne l'épouse-t'il?

FRONTAIN.

C'est encore une autre histoire que cette affaire-là.

PHENICE.

Parles donc?

FRONTAIN.

C'est qu'ils ont d'abord debuté ensemble par un vertigo, ils se sont liez mal-à-propos par je ne sçai quelle convention de ne s'aimer ny de s'épouser, & ont deliberé que pour faire changer de dessein aux peres, qu'on feroit semblant de vous trouver de son goût, rien que semblant, vous entendez bien?

PHENICE.

A merveilles.

FRONTAIN.

Et comme le cœur de l'homme est variable; il se trouve aujourd'hui que leur cœur & leur

convention ne riment pas enſemble , & qu'on eſt
fort embarraſſé de ſçavoir ce qu'on fera de vous :
Vous entendez bien , car la diſcretion ne veut pas
que j'en diſe davantage.

PHENICE.

En voilà bien aſſez , je ſuis au fait , & de peur
d'être ingrate , je te confie à mon tour que ta
diſcretion meriteroit le châtiment du bâton.

FRONTAIN.

Sur ce pied-là , gardez-moi le ſecret ; je vois
mon maitre , & je vais lui dire d'approcher.

SCENE IV.

PHENICE, DAMIS.

PHENICE, *un moment ſeule.*

JE leur ſervois donc de pretexte, Oh ! je pré-
tends m'en venger, ils le meritent bien : mais
puiſqu'ils s'aiment, je veux que ma conduite en
les inquiétant, les force de s'accorder. Hé bien,
Monſieur, que me voulez-vous ?

DAMIS.

Je crois que vous le ſçavez, Madame.

PHENICE.

Moi ! non, je n'en ſçai rien.

DAMIS.

Ignorez vous que notre mariage eſt conclu ?

PHENICE.

N'eſt-ce que cela ? Je vous l'avois prédit, cela
ne pouvoit pas manquer d'arriver.

DAMIS.

Je ne croïois pas que les choſes duſſent aller
ſi loin, & je vous demande pardon d'en être cauſe.

PHENICE.

Vous vous moquez, je n'ai point de rancune à

garder contre un homme qui va devenir mon époux.

DAMIS.

Ne me raillez point, Madame, je fçai bien que ce n'eſt pas à moi à qui vous deſtinez cet honneur-là, dont je me tiendrois fort heureux.

PHENICE.

Si vous dites vrai, votre bonheur eſt ſur, je vous promets que je n'y mettrai point d'obſtacle.

DAMIS.

Ma foi, il ne me ſiéroit pas d'y en mettre non plus, & je ne ſerois pas excuſable, ſurtout après les empreſſemens que j'ai marqués pour vous, Madame.

PHENICE.

Notre mariage ira donc tout de ſuite ?

DAMIS.

Oh ! morbleu, je vous le garantis fait s'il n'y a que moi qui l'empéche.

PHENICE.

Je vous crois.

DAMIS, *à part les premiers mots.*

Qu'eſt-ce que c'eſt que ce langage là ? Faiſons lui peur. Ecoutez, Madame, toute plaiſanterie ceſſante, ne vous y fiez pas; on a toûjours du penchant de reſte pour les perſonnes qui vous reſſemblent, & je vous aſſure que je ne ſuis point embarraſſé d'en avoir pour vous.

PHENICE.

Je vous avouë que je m'en flate.

DAMIS.

Tenez, ne badinons point ; car je vous aimerai, je vous en avertis.

PHENICE.

Il le faut bien, Monſieur.

DAMIS.

Mais vous, Madame, il faudra que vous m'aimiez auſſi, & vous m'aviez tantôt fait comprendre que

que vous aimiez ailleurs.

PHENICE,

Dans ce tems-là, vous époufiez ma fœur, il ne
m'étoit pas permis de ous voir, & je diffimulois.

DAMIS, *à part, le premier mot.*

Voyons donc où cela ira) encore une fois, faites-
y vos reflexions: vous comptez peut-être que je
vous tirerai d'affaire, & vous vous trompez, n'attendez rien de mon cœur, il vous prendra au mot,
je ne fuis que trop difpofé à vous le donner.

PHENICE.

N'hefitez point, Monfieur, donnez.

DAMIS.

Je vous aimerai, vous dis-je?

PHENICE.

Aimez.

DAMIS.

Vous le voulez? ma foi, Madame, puifqu'il
faut vous l'avouër, je vous aime.

PHENICE *à part.*

Il me trompe.

DAMIS.

Vous rougiffez, Madame.

PHENICE.

Il eft vrai que je fuis émuë d'un aveu fi fubit:

DAMIS *à part le premier mot.*

Continuons) ouy Madame, mon cœur eft à
vous, & je n'ai fouhaité de vous voir que pour vous
éprouver là-deffus.

[*M. Ergafte & M. Orgon entrent dans le
moment, & s'arrétent en voyant Damis &
Phenice.*]

❖❖❖ ❖❖❖❖❖❖❖❖❖ ❖❖❖❖❖❖❖❖ ❖❖

SCENE V.

M. ORGON , M. ERGASTE , PHENICE ;
DAMIS.

DAMIS *continuë.*

LEs circonftances où je me trouvois ont d'a-
bord retenu mes fentimens , je n'ofois vous
en parler ; mais puifque ma fituation eft changée,
qu'il ne s'agit plus de fe contraindre , & que vous
aprouvez mon amour,

[*il fe met à genoux*]

laiffez-moi vous expr. er ma joïe , & me dédom-
mager par l'aveu le plus tendre . . . . .

M. ORGON.

Monfieur Ergafte ; voilà des Amans qu'il ne faudra pas prier de figner leur Contrat de mariage.

DAMIS *fe releve vite.*

Ah ! je fuis perdu.

PHENICE *honteufe.*

Que vois-je ?

M. ORGON.

Ne rougiffez point ma file , vos fentimens font
avoués de votre pere , & vous pouvez fouffrir à vos
genoux un homme que vous allez époufer.

M. ERGASTE.

Mon fils , je n'avois réfolu de vous parler qu'à
l'inftant de votre mariage avec Madame ; vos procedés m'avoïent déplû : mais je vous pardonne ,
& je fuis content ; les fentimens où je vous vois
me reconcilient avec vous.

M. ORGON.

Cette jeuneffe & fa vivacité me réjoüiffent , je
fuis charmé de ce hazard cy ; nous attendons tantôt le Notaire , & nous allons au-devant de quel-

ques amis qui nous viennent de Paris. Adieu,
puissiez-vous vous aimer toûjours de même.

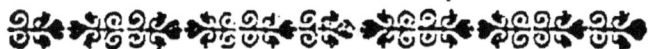

SCENE VI.

PHENICE, DAMIS.

DAMIS *triste & à part.*

NOus ne nous aimerons donc guére : Que je
suis malheureux!

PHENICE *riant.*

Damis, que dites-vous de cette avanture-cy?

DAMIS.

Je dis, Madame...que je viens d'être surpris à
vos genoux.

PHENICE.

Il me semble que vous en êtes devenu tout
triste.

DAMIS.

Il me paroit que vous n'en êtes pas trop gaye.

PHENICE.

J'ai d'abord été étourdie, je vous l'avoüe : mais
je me suis remise en vous voyant fâché ; votre
chagrin m'a rassûrée contre la Comedie que
vous avez joüée tout à l'heure. Vous vous seriez
bien passé de l'opinion que vous venez de donner
de vos sentimens, n'est-il pas vrai? Il n'y a en verité rien de plus plaisant ; car après ce qu'on vient
de voir, qui est-ce qui ne gageroit pas que vous
m'aimez!

DAMIS *d'un ton vif.*

Eh bien, Madame, on gagneroit la gageure ;
je ne me dédirai pas, & ne me perdrai point d'honneur.

PHENICE *riant.*

Quoi ! votre amour tient bon ?

G ij

DAMIS.

Je me facrificrois plûtôt.

PHENICE.

Je vous trouve encore un peu l'air de victime.

DAMIS.

Tout comme il vous plaira, Madame.

PHENICE.

Tant mieux pour vous fi vous m'aimez au refte ;
car mon parti eft pris, & je ne vous refuferois pas,
quand vous en aimeriez une autre, quand je ne vous
aimerois pas moi-même !

DAMIS.

Et d'où pourroit vous venir cette étrange intre-
pidité-là?

PHENICE.

C'eft que fi vous ne m'aimiez point notre mariage ne fe feroit point, parce que vous n'iriez point
jufques-là ; c'eft qu'en y confentant moi, c'eft une
preuve d'obéiffance que je donnerois à mon pere
à fort bon marché, & que par-là; je le gagnerois
pour un mariage plus à mon gré qui pourroit fe
prefenter bien-tôt : vous voyez bien que j'aurois
mon petit intereft à vous laiffer démêler cette in-
trigue ; ce qui vous feroit aifé en retournant à ma
fœur qui ne vous hait pas, & que je croyois que
vous ne haïffiez pas non plus ; fans quoi, point
de quartier.

DAMIS.

Ah ! Madame, où en fuis-je donc?

PHENICE.

Qu'avez-vous? Ce que je vous dis-là ne vous
fait rien ; rappellez-vous donc que vous m'aimez.

DAMIS.

Vous ne m'aimez pas vous-même.

PHENICE.

Eh ! qu'importe ; ne vous embarraffez pas : j'ai
de la vertu, avec cela on a de l'amour quand il
aut.

DAMIS *en lui prenant la main qu'il baise.*

Par tout ce que vous avez de plus cher, ne me laissez point dans l'état où je suis! je vous en conjure, ne vous y exposez pas vous-même.

PHENICE *riant.*

Damis, il y a aujourd'hui une fatalité sur vos tendresses; voilà ma sœur qui vous voit baiser ma main.

DAMIS *en se retirant ému.*

Je sors, adieu, Madame!

PHENICE.

Adieu donc, Damis, jusqu'au revoir.

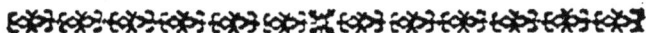

SCENE VII.

LUCILE, PHENICE.

LUCILE *agitée.*

JE venois vous parler, ma sœur.

PHENICE.

Et moi, j'allois vous trouver dans le même dessein.

LUCILE.

Avant tout, instruisez-moi d'une chose. Est-ce que cet homme-là vous dit qu'il vous aime?

PHENICE.

De quel homme parlez-vous?

LUCILE.

Hé de Damis! Est-ce que vous en avez deux? Je ne vous connois que celui-là : encore vaudroit-il mieux que vous ne l'eussiez point.

PHENICE.

Pourquoi donc? J'allois pourtant vous apprendre que nous serons mariés ce soir.

G iij

LUCILE.

Et vous veniez exprès pour cela ! La nouvelle est fort touchante pour une sœur qui vous aime.

PHENICE.

En verité vous m'étonnez ; car je croyois que vous vous en rejouiriez avec moi, parce que je vous en débarrasse. Me voilà bien trompée !

LUCILE.

Oh ! trompée au-delà de ce qu'on peut dire assurément. Jamais sujet de réjouissance ne le fut moins pour moi ; & vous ne sçavez ce que vous faites : sans compter qu'il ne sied pas tant à une fille de se rejouir de ce qu'elle se marie.

PHENICE.

Voulez-vous qu'on soit fâchée d'épouser ce que l'on aime ? Je vous parle franchement.

LUCILE.

C'est qu'il ne faut point aimer, Mademoiselle ; c'est que cela ne convient point non plus ; c'est qu'il y va de tout le repos de votre vie ; c'est que je vous persecuterai jusqu'à ce que vous ayiez quitté cet amour-là ; c'est que je ne veux point que vous le gardiez, & vous ne le garderez point : c'est moi qui vous le dis, qui vous en empêcherai bien. Aimer Damis ! Epouser Damis ! Ah ! je suis votre sœur, & il n'en sera rien. Vous avez affaire à une amitié, qui vous desolera plûtôt que de vous laisser tomber dans ce malheur là.

PHENICE.

Est-ce que ce n'est pas un honnête homme ?

LUCILE.

Eh ! qu'en sçait-on ? Cet honnête homme ne vous aime pas, cependant il vous épouse. Est-ce là de l'honneur, à votre avis ? Peut-on traiter plus cavalierement le mariage ?

PHENICE.

Quoi ! Damis qui se jette à mes genoux ? que

vous avez trouvé tout prêt de s'y jetter encore.

LUCILE.

Voilà une petite narration de bon goût que vous
me faites-là : je ne vous conseille pas de la faire à
d'autres qu'à moi. Elle est encore plus l'histoire de
vos foiblesses que de sa mauvaise foi, le fourbe
qu'il est.

PHENICE.

Mais enfin, d'où sçavez-vous qu'il ne m'aime
point ?

LUCILE.

Je vais vous dire d'où je le sçais. Tenez, voilà
Lisette qui passe ; elle est instruite, appellons-la.
[*elle appelle.*] Lisette, lisette ! venez ici.

❖❖❖❖❖❖❖❖:❖:❖❖❖❖❖❖❖❖

S C E N E   VIII.

LISETTE, LUCILE, PHENICE.

LISETTE.

DE quoi s'agit-il, Madame?

LUCILE.

Je ne l'ai point préparée, comme vous voyez.
Ah çà, Lisette, dites sans façon ce que vous pensez : nous parlons de Damis, croyez-vous qu'il
aime ma sœur?

LISETTE.

Non certes, je ne le crois pas ; car je sçais le
contraire, & vous aussi , Madame.

LUCILE *à Phenice.*

Entendez-vous ?

LISETTE.

Il se desoloit tantôt du mariage en question.

LUCILE.

Voilà qui est net.

LISETTE.

Et si j'avois quelque pouvoir ici, il n'épouseroit point Madame.

LUCILE *à Phenice.*

Eh bien, ai-je tort de trembler pour vous?

LISETTE.

Pour dire la verité, il n'aime ici que ma Maîtresse.

PHENICE.

Qui ne l'aime pas apparemment.

LISETTE.

C'est à elle à éclaircir ce point-là; elle est bonne pour répondre.

PHENICE.

On diroit que Lisette vous épargne.

LISETTE.

Moi! Madame.

LUCILE.

Qu'est ce que cela signifie? Ce discours-là est obscur; On sçait que j'ai refusé Damis.

PHENICE.

On peut le croire, mais on n'en est pas sûr; quoi qu'il en soit, je n'ai pas peur qu'on me l'enleve. Adieu, ma sœur, je vous quitte: je pense que nous n'avons plus rien à nous dire.

LUCILE.

Vous n'êtes pas mal fiere, ma sœur; on est bien payée des inquietudes qu'on a pour vous.

PHENICE *en s'en allant.*

Je serois peut-être dupe, si j'étois reconnoissante.

SCENE IX.

LISETTE, LUCILE.

LISETTE.

ELle ne craint point qu'on le lui enleve, dit-elle:
ma foi, Madame, je vous renonce, si cela ne
vous pique pas: car enfin il est tems de convenir
que Damis ne vous déplaît point, d'autant plus
qu'il vous aime.

LUCILE.

Quand il vous plaira que je le haïsse, la recette
est immanquable, vous n'avez qu'à me dire que
je l'aime. Mais il ne s'agit pas de cela; je veux
avoir raison de l'impertinent orgüeil de ma sœur;
& je le puis, s'il est vrai que Damis m'aime, comme vous m'en êtes garant. Le succès de la commission que je vais vous donner, roule tout entier
sur cette verité-là que vous me garantissez.

LISETTE.

Voyons.

LUCILE.

Je vous charge donc d'aller trouver Damis
comme de vous-même, entendez-vous? car ce
n'est pas moi qui vous y envoye, c'est vous qui y
allez.

LISETTE.

Que lui dirai-je?

LUCILE.

Est-ce que vous ne le devinez pas? Apparemment que vous n'y allez pas pour lui dire que je le
hais: mais vous avez plus de malice que d'igno-
rance.

LISETTE.

Je lui ferai donc entendre que vous l'aimez?

LUCILE.

Oui, Mademoiselle, oui, que je l'aime, puisque vous me forcez à prononcer moi-même un mot qui m'est desagréable, & dont je ne me sers ici que par raison. Au reste, je ne vous indique rien de ce qui peut appuyer cette fausse confidence : vous êtes fille d'esprit, vous penetrez les mouvemens des autres, vous lisez dans les cœurs, l'art de les persuader ne vous manquera pas, & je vous prie de m'épargner une instruction plus ample. Il y a certaine tournure, certaine industrie que vous pouvez employer : vous aurez remarqué mes discours, vous m'aurez vûë inquiete, j'aurai soupiré, si vous voulez : je ne vous prescris rien, le peu que je vous en dis me révolte ; & je gâterois tout si je m'en mêlois. Ménagez-moi le plus qu'il sera possible ; cependant persuadez Damis, dites-lui qu'il vienne, qu'il avouë hardiment qu'il m'aime ; que vous sentez que je le souhaite ; que les paroles qu'il m'a données ne sont rien, comme en effet ce ne sont que des bagatelles ; que je les traitetai de même, & le reste. Allez, hâtez-vous, il n'y a point de tems à perdre. Mais que vois-je ? Le voici qui vient : oubliez tout ce que je vous ai dit.

SCENE X.

DAMIS, LUCILE, LISETTE.

DAMIS, *à part les premiers mots.*

PUisse le Ciel favoriser ma feinte ! Eprouvons encore si son cœur ne me regreteroit pas. Enfin, Madame, il n'est plus question de notre mariage, vous voilà libre ; & puisqu'il le faut, j'épouserai Phenice.

LISETTE *à part.*

Que nous vient-il dire?

DAMIS.

Quoique le bonheur de vous plaire ne m'ait pas
été refervé, puis-je du moins, Madame, au défaut des fentimens dont je n'étois pas digne, me
flater d'obtenir ceux de l'amitié que je vous demande?

LUCILE.

Ce foin là ne doit point vous occuper aujour-
d'hui, Monfieur, & je ferois fcrupule de vous retenir plus long-tems. Ah! [*Elle veut fe retirer.*]

DAMIS.

Quoi? Madame, Notre mariage vous déplaît-il?

LUCILE.

J'ai trouvé que vous ne me conveniez point; &
je vous avouë que fi l'on m'en croyoit, vous ne
conviendriez pas mieux à Phenice; & peut-être
même pourrois-je en dire ma penfée. [*En s'en allant.*] L'ingrat!

SCENE XI.

DAMIS. LISETTE.

DAMIS.

AH! Lifette, eft-ce là cette perfonne qui avoit
tant de penchant pour moi?

LISETTE.

Quoi! vous ofez me parler encore? Eft-ce pour
me demander mon amitié aussi à moi? Je vous la
refufe. Adieu. [*à part.*] Je vais pourtant voir ce
qu'on peut faire pour lui.

DAMIS.

Arrête, je me meurs! & je ne fçais plus ce que
je deviendrai.

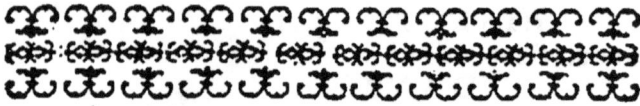

ACTE V.

SCENE PREMIERE.

FRONTAIN, LISETTE.

FRONTAIN.

JE te dis qu'il eft au defefpoir , & qu'il auroit déja difparu , fi je ne l'arretois pas.

LISETTE.

Qu'on eft fot quand on aime !

FRONTAIN.

C'eft bien pis quand on époufe !

LISETTE.

Le plus court feroit que ton Maitre allât fe jet= ter aux pieds de ma Maîtreffe, je fuis perfuadée que cela termineroit tout.

FRONTAIN.

Il n'y a pas moyen , il dit qu'il a fuffifamment éprouvé le cœur de Lucile , & qu'il eft fi mal dif- pofé pour lui, que peut-être publieroit-elle l'aveu de fon amour pour le perdre.

LISETTE.

Quelle imagination !

FRONTAIN.

Que veux-tu ? le danger où il eft d'époufer Phenice , l'impoffibilité où il fe trouve de la refu- fer avec honneur, l'idée qu'il a des fentimens de Lucile ; tout cela lui tourne la tête, & la tourne- roit à un autre : il ne voit pas les chofes comme nous, il faut le plaindre ; malheureufement c'eft un garçon qui a de l'efprit, cela fait qu'il fubtilife, que fon cerveau travaille ; & dans de certains embarras , fçais-tu bien qu'il n'appartient qu'aux gens d'efprit de n'avoir pas le fens commun ; je l'ay tant éprouvé moi-même

LISETTE.

Quoiqu'il en foit , qu'il fe garde bien de s'en aller avant que de fçavoir à quoi s'en tenir ; car j'efpere que la difficulté que nous avons fait naître , & la conduite que nous faifons tenir à Lucile , le tireront d'affaire ; je n'ai pas eu de peine à perfuader à ma Maîtreffe , que ce mariage-cy lui faifoit une veritable injure , qu'elle avoit droit de s'en plaindre , & Monfieur Orgon m'a paru auffi très-embarraffé de ce que j'ai été lui dire de fa part ; mais toi de ton côté , qu'as-tu dit au Pere de Damis ? lui as-tu fait fentir le défagrément qu'il y avoit pour fon Fils de n'entrer dans une maifon, que pour y broüiller les deux Sœurs ?

FRONTAIN.

Je me fuis furpaffé , ma fille , tu fçais le talent que j'ai pour la parole , & l'art avec lequel je mens quand il faut ; je lui ai peint Lucile , fi ennemie de mon Maître , rempliffant la maifon de tant de murmures , menaçant fa Sœur d'une rupture fi terrible , fi elle l'époufe , j'ai peint Monfieur Orgon fi confterné , Phenice fi découragée , Damis fi ftupefait .

LISETTE.

A cela qu'a-t'il répondu ?

FRONTAIN.

Rien , finon qu'à mon recit il a foupiré , levé les épaules , & m'a quitté pour parler à Monfieur Orgon , & pour confoler fon Fils qui eft averti , & qui de fon côté l'attend avec une douleur inconfolable.

LISETTE.

Voilà ce me femble tout ce qu'on peut faire en pareil cas pour ton Maitre , & j'ai bonne opi-

nion de cela : Mais retire-toi , voici Lucile qui
me cherche apparamment ; je lui ai toûjours dit
qu'elle aimoit Damis , sans qu'elle l'ait avoué , &
je vais changer de ton , afin de la forcer à en
changer elle-même.

FRONTAIN.

Adieu , songe qu'il faut que je t'épouse , ou
que la tête me tourne aussi.

LISETTE.

Va va , ta tête a pris les devans , ne crains plus
rien pour elle.

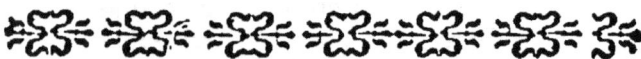

SCENE II.

LUCILE, LISETTE.

LUCILE.

HE bien Lisette , avez-vous vû mon Pere ?
LISETTE.

Oüy , Madame , & autant qu'il m'a paru , je
l'ai laissé très-inquiet de vos dispositions ; pour de
réponse , Monsieur Ergaste qui est venu le joindre,
ne lui a pas donné le temps de m'en faire , il m'a
seulement dit qu'il vous parleroit.

LUCILE.

Fort bien ! Cependant les préparatifs du Mariage
se font toûjours.

LISETTE.

Vous verrez ce qu'il vous dira.

LUCILE.

Je verrai, la belle ressource ! Pouvez-vous être
de ce sang-froid-là dans les circonstances où je
me trouve ?

LISETTE.

Moi ! de sang-froid, Madame, je suis peut-être
plus fâchée que vous,

LUCILE.

Ecoutez, vous auriez raison de l'être; je vous dois l'injure que j'essuie, & j'ai fait une triste épreuve de l'imprudence de vos conseils : Vous n'êtes point méchante, mais croyez-moi, ne vous attachez jamais à personne, car vous n'êtes bonne qu'à nuire.

LISETTE.

Comment donc? est-ce que vous croyez que je vous porte malheur?

LUCILE.

Hé pourquoi non? Est-ce que tout n'est pas plein de gens qui vous ressemblent? Vous n'avez qu'à voir ce qui m'arrive avec vous.

LISETTE,

Mais vous n'y songez pas, Madame?

LUCILE.

Oh Lisette, vous en direz tout ce qu'il vous plaira, mais voilà des fatalités qui me passent & qui ne m'appartiennent point du tout.

LISETTE.

Et de-là vous concluez que c'est moi qui vous les procure? Mais, Madame, ne soyez donc point injuste. N'est-ce pas vous qui avez renvoyé Damis.

LUCILE.

Oüy, mais qui est-ce qui en est cause? Depuis que nous sommes ensemble, avez-vous cessé de me parler des douceurs de je ne sçais quelle liberté qui n'est que chimere? qui est-ce qui m'a conseillé de ne me marier jamais?

LISETTE.

L'envie de faire de vos yeux ce qu'il vous plairoit, sans en rendre compte à personne.

LUCILE.

Les Sermens que j'ai faits, qui est-ce qui les a imaginés?

LISETTE.

Que vous importent-ils, il ne tombent que sur un homme que vous n'aimez point.

LUCILE.

Eh pourquoi donc vous êtes-vous efforcée de me persuader que je l'aimois ? d'où vient me l'avoir repeté si souvent, que j'en ai presque douté moi-même ?

LISETTE.

C'est que je me trompois.

LUCILE.

Vous vous trompiez ? Je l'aimois ce matin, je ne l'aime pas ce soir : si je n'en ai pas d'autre garant que vos connoissances, je n'ai qu'à m'y fier, me voilà bien instruite : cependant, dans la confusion d'idées que tout cela me donne à moi, il arrive en vérité, que je me perds de vûe. Non, je ne suis pas sûre de mon état, cela n'est-il pas désagréable ?

LISETTE.

Rassurez-vous, Madame ; encore une fois vous ne l'aimez point.

LUCILE.

Vous verrez qu'elle en sçaura plus que moi : Eh ! que sçai-je si je ne l'aurois pas aimé, si vous m'aviez laissée telle que j'étois, si vos conseils, vos préjugés, vos fausses maximes, ne m'avoient pas infecté l'esprit ? Est-ce moi qui ai décidé de mon sort ? Chacun a sa façon de penser & de sentir, & apparemment que j'en ai une, mais je ne dirai pas ce que c'est, je ne connois que la vôtre. Ce n'est ni ma raison, ni mon cœur qui m'ont conduit, c'est vous ; aussi n'ai-je jamais pensé que des impertinences, & voilà ce que c'est : on croit se déterminer, on croit agir, on croit suivre ses sentimens & ses lumieres, & point du tout ; il se trouve qu'on n'a qu'un esprit d'emprunt, & qu'on ne vit que de la folie de ceux qui s'emparent de votre confiance.

LISETTE

LISETTE.

Je ne sçais où j'en suis!

LUCILE.

Dites-moi ce que c'étoit, à mon âge, que l'idée de rester fille ? Qui est-ce qui ne se marie pas ? Qui est-ce qui va s'entêter de la haine d'un état respectable, & que tout le monde prend ? La condition la plus naturelle d'une fille, est d'être mariée ; je n'ai pû y renoncer qu'en risquant de désobéir à mon Pere ; je dépends de lui. D'ailleurs, la vie est pleine d'embarras ; un Mari les partage, on ne sçauroit avoir trop de secours, c'est un véritable ami qu'on acquiert. Il n'y avoit rien de mieux que Damis, c'est un honnête homme, j'entrevois qu'il m'auroit plû, cela alloit tout de suite : mais malheureusement vous êtes au monde, & la destination de votre vie, est d'être le fléau de la mienne ; le hazard vous place chez moi, & tout est renversé ; je résiste à mon Pere, je fais des sermens, j'extravague, & ma Sœur en profite !

LISETTE.

Je vous disois tout à l'heure que vous n'aimiez pas Damis ; à présent je suis tentée de croire que vous l'aimez.

LUCILE.

Eh le moyen de s'en être empêchée avec vous ? Eh bien oui, je l'aime, Mademoiselle, êtes-vous contente ? Oui, & je suis charmée de l'aimer pour vous mettre dans votre tort, & vous faire taire.

LISETTE.

Eh, mort de ma vie, que ne le disiez-vous plûtôt ? vous nous auriez épargné bien de la peine à tous ; & à Damis, qui vous aime ; & à Frontain & moi, qui nous aimons aussi, & qui nous désespérions : mais laissez-moi faire, il n'y a encore rien de gâté.

LUCILE.

Oüi je l'aime, il n'est que trop vrai, & il ne me

H

manquoit plus que le malheur de n'avoir pû le cher ; mais s'il vous en échape un mot, vous pouvez renoncer à moi pour la vie.

LISETTE.

Quoi, vous ne voulez pas ?...

LUCILE.

Non, je vous le defends.

LISETTE.

Mais, Madame, ce seroit dommage, il vous adore.

LUCILE.

Qu'il me le dise lui-même, & je le croirai ; quoi qu'il en soit, il m'a plû.

LISETTE.

Il le mérite bien, Madame.

LUCILE.

Je n'en sçais rien, Lisette ; car quand j'y songe, notre amour ne fait pas toûjours l'éloge de la personne aimée, il fait bien plus souvent la critique de la personne qui aime : je ne le sens que trop. Notre vanité & notre coquetterie, voilà les plus grandes sources de nos passions, voilà d'où les hommes tirent le plus souvent tout ce qu'ils valent ; qui nous ôteroit les foiblesses de notre cœur, ne leur laisseroit guéres de qualités estimables. Ce cabinet où j'étois cachée pendant que Damis te parloit, qu'on le retranche de mon Avanture, peut-être que je n'aurai pas d'amour ; car pourquoi est-ce que j'aime ? parce qu'on me défioit de plaire, & que j'ai voulu venger mon visage ; n'est-ce pas là une belle origine de tendresse ? Voilà pourtant ce qu'a produit un Cabinet de plus dans mon Histoire.

LISETTE.

Eh ! Madame, Damis n'a que faire de cette Avanture-là pour être aimable : laissez-moi vous conduire.

LUCILE.

Vous sçavez ce que je vous ai défendu, Lisette.

LISETTE.

Je sors ; car voilà votre Pere ; mais vous aurez
beau dire, si Damis se voyoit forcé d'épouser Phenice, ne vous attendez pas que je reste muette.

SCENE III.

M. ORGON, LUCILE.

M. ORGON.

MA fille, que signifie donc ce que Lisette m'est
venu dire de votre part ! Comment, vous
ne voulez pas voir le mariage de votre Sœur ? vous
ne le lui pardonnerez jamais ? vous demandez à vous
retirer ? Monsieur Ergaste, son Fils, Phenice & moi,
vous nous chagrinez tous : Et de qui s'agit-il, de
l'homme du monde qui vous est le plus indifferent?

LUCILE.

Très-indifferent, je l'avouë ; mais la maniere
dont mon Pere me traite, ne me l'est pas.

M. ORGON.

Eh que vous ai-je fait, ma fille ?

LUCILE.

Non, il est certain que je n'ai point de part aux
bontés de votre cœur ; ma Sœur en emporte toutes
les tendresses.

M. ORGON.

De quoi pouvez-vous vous plaindre ?

LUCILE.

Ce n'est pas que je trouve mauvais que vous
l'aimiez, assurément ; je sçais bien qu'elle est aimable ; & si vous ne l'aimiez pas, j'en serois très-
fâchée ; mais qu'on n'aime qu'elle : qu'on ne songe
qu'à elle ; qu'on la marie aux dépens du peu d'estime qu'on pouvoit faire de mon esprit, de mon
cœur, de mon caractere, je vous avouë, mon

Pere, que cela est bien triste, & que c'est me faire
payer bien cherement son mariage.

M. ORGON.

Mais que veux-tu dire ? Tout ce que j'y vois,
moi, c'est qu'elle est ta cadette, & qu'elle épouse
un homme qui t'étoit destiné : mais ce n'est qu'à
ton refus. Si tu avois voulu de Damis, il ne seroit
pas à elle, ainsi te voilà hors d'interêt ; & dans le
fond, ton cœur t'a bien conduit, Damis & toi,
vous n'étiez pas nés l'un pour l'autre. Il a plû sans
peine à ta Sœur ; nous voulions nous allier Monsieur Ergaste & moi, & nous profitons de leur
penchant mutuel : c'est te débarrasser d'un homme
que tu n'aimes point, & tu dois en être charmée.

LUCILE.

Enfin, je n'ai rien à dire, & vous êtes le Maitre :
mais je devois l'épouser. Il n'étoit venu que pour
moi, tout le monde en est informé ; je ne l'épouse
point, tout le monde en sera surpris. D'ailleurs,
je pouvois quelque jour vouloir me marier moi-
même, & me voilà forcée d'y renoncer.

M. ORGON.

D'y renoncer, dis-tu ? qu'est-ce que c'est que
cette idée-là ?

LUCILE.

Oui, me voilà condamnée à n'y plus penser ; on
ne revient jamais de l'accident humiliant qui m'arrive aujourd'hui ; il faut désormais regarder mon
cœur & ma main comme disgraciés ; il ne s'agit
plus de les offrir à personne, ni de chercher de
nouveaux affronts ; j'ai été dédaignée, je le serai
toûjours, & une Retraite éternelle est l'unique
parti qui me reste à prendre.

M. ORGON.

Tu es folle ; on sçait que tu as refusé Damis,
encore une fois ; il le publie lui-même, & tout le
risque que tu cours dans cette affaire-ci, c'est de
passer pour avoir le goût bizarre, voilà tout ; ainsi,

tranquillife-toi, & ne vas pas toi-même, par un
mécontentement mal entendu, te faire foupçonner de fentimens que tu n'as point : Voici ta Sœur
qui vient nous joindre, & à qui j'avois donné ordre
de te parler, & je te prie de la recevoir avec amitié.

SCENE IV.

PHENICE, LUCILE, M. ORGON.

M. ORGON.

APprochez, Phenice, votre Sœur vient de me
dire les motifs de fon dégoût pour votre mariage. Quoique Damis ne lui convienne point, on
fçait qu'il étoit venu pour elle, & elle croyoit qu'on
pouvoit mieux faire que de vous le donner : mais
elle ne fonge plus à cela, voilà qui eft fini.

PHENICE.

Si ma Sœur le regrette, & que Damis la pré-
fere, il eft encore à elle ; je le cede volontiers, &
n'en murmurerai point.

LUCILE.

Croyez-moi, ma Sœur, un peu moins de confiance ; s'il vous entendoit, j'aurois peur qu'il ne
vous prît au mot.

PHENICE.

Oh non, je parle à coup fûr, il n'y a rien à craindre, je lui ai repeté plus de vingt fois ce que je vous
dis-là.

LUCILE.

Ha, fi vous n'avez rien rifqué à lui tenir ce difcours, vous m'en avez quelque obligation ; mes
manieres n'ont pas nui à la confiance qu'il a euë
pour vous.

PHENICE.

Laiffez-moi pourtant me flatter qu'il m'a choifie,

LUCILE.

Et moi je vous dis qu'il est mieux que vous ne vous en flattiez pas, Mademoiselle, vous en serez plus attentive à lui plaire, & son amour aura besoin de ce secours-là.

M. ORGON.

Qu'est-ce que c'est donc que cet air de dispute que vous prenez entre vous deux ? Est-ce-là comme vous répondez aux soins que je me donne pour vous voir unies ?

LUCILE.

Mais vous voyez bien qu'on le prend sur un ton qui n'est pas supportable.

PHENICE.

Eh que puis je faire de plus, que de renoncer à Damis, si votre cœur le souhaite.

LUCILE.

On vous dit que si mon cœur le souhaitoit, on n'auroit que faire de vous, & que la vanité de vos offres est bien inutile sur un objet qu'on vous ôteroit avec un regard si on en avoit envie : en voilà assez, finissons.

M. ORGON.

La jolie conversation ! je vous croyois à toutes deux plus de respect pour moi.

PHENICE.

Je ne dirai plus mot ; je n'étois venuë que dans le dessein d'embrasser ma Sœur, & j'y suis encore prête, si ses sentimens me le permettent.

LUCILE.

Ah ! qu'à cela ne tienne. [*elles s'embrassent.*]

M. ORGON.

Hé bien, voilà ce que je demande : allons, mes enfans, reconciliez-vous & soyez bonnes amies : Voici Damis qui vient fort à propos.

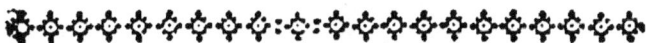

SCENE V.

DAMIS, LUCILE, M. ORGON; PHENICE.

DAMIS.

JE crois, Monsieur, que vous êtes bien persuadé du desir extrême que j'avois de voir terminer notre mariage, mais vous sçavez l'obstacle qu'y a apporté Madame ; & plûtôt que de jetter le trouble dans une Famille . . .

M. ORGON.

Non, Damis, vous n'en jetterez aucun. Je vous annonce que nous sommes tous d'accord ; que nous vous estimons tous, & que mes filles viennent de s'embrasser tout à l'heure.

PHENICE.

Et même de bon cœur, à ce que je pense.

LUCILE.

Oh ! le cœur n'a que faire ici, rien ne l'interesse;

M. ORGON.

Eh, sans doute. Adieu, je vais porter cette bonne nouvelle à Monsieur Ergaste, & dans un moment revenir avec lui ici pour conclure.

SCENE VI.

DAMIS, LUCILE, PHENICE.

PHENICE *riant en les regardant.*

HA ! ha ! ha ! . . . . Que vous me divertissez tous deux, vous vous taisez, vous me regardez d'un œil noir, ha ! ha ! ha ! . . .

LUCILE.

Où est donc le mot pour rire?

PHENICE.

Oh! il y est beaucoup pour moi, & il n'y est pas encore pour vous, j'en conviens; mais cela va ve-nir.... Aprochez Damis.

DAMIS *faisant mine de reculer.*

De quoi s'agit-il, Madame?

PHENICE.

De quoi s'agit-il Madame? Est-ce que vous me fuyez; le joly prélude de tendresse? N'est-ce pas là un homme bien disposé à m'épouser,

[*elle va à luy.*]

approchez, vous dis-je, venez icy, & laissez-vous conduire; allons, Monsieur, rendez hommage à votre vainqueur, & jettez-vous à ses genoux tout à l'heure ..... à ses genoux? vous dis-je; & vous ma sœur, tenez-vous un peu fiere, ne lui tendez pas la main en signe de paix; mais ne la retirez pas non plus, laissez-la aller afin qu'il la prenne; voilà mon projet rempli! Adieu, le reste vous regarde?

❖⦂❖⦂❖⦂❖⦂❖⦂❖⦂❖⦂❖⦂❖⦂❖⦂❖⦂❖⦂❖⦂❖⦂❖⦂❖

SCENE VII.

DAMIS, LUCILE.

LUCILE *à Damis à genoux.*

MAis qu'est-ce que cela signifie, Damis?

DAMIS.

Que je vous adore depuis le premier instant; & que je n'osois vous le dire.

LUCILE.

Asseurément voilà qui est particulier; mais
levez-

levez-vous donc pour vous expliquer.

[*Damis se leve*]

DAMIS.

Si vous sçaviez combien j'ai souffert du silence
timide que j'ai gardé, Madame! Non je ne puis
vous exprimer ce que devint mon cœur la premiere fois que je vous vis, ni tout le desespoir
où je fus d'avoir parlé à Lisette comme j'avois fait.

LUCILE.

Je ne m'attendois pas à ce discours là ; car vous
me promites alors de rompre notre mariage.

DAMIS.

Madame , je ne vous promis rien , souvenez-
vous-en , je ne fis que ceder à l'éloignement où je
vous vis pour moi; je ne me rendis qu'à vos dispositions , qu'au respect que j'avois pour elles,
qu'à la peur de vous déplaire , & qu'à l'extrême
surprise où j'étois.

LUCILE.

Je vous crois , mais j'admire la conjoncture où
cela tombe ; car enfin si j'avois sçû vos sentimens,
que sçais-je? ils auroient pû me déterminer ; mais
à présent comment voulez-vous qu'on fasse , en
verité , cela est bien embarrassant.

DAMIS.

Ah ! Lucile , si mon cœur pouvoit fléchir le
vôtre !

LUCILE.

Vous verrez que notre Histoire sera d'un ridicule qui me désole.

DAMIS.

Je ne serai jamais à Phenice , je ne puis être
qu'à vous seule , & si je vous perds , toute ma ressource est de fuir , de ne me montrer de ma vie ,
& de mourir de douleur.

LUCILE.

Cette extrémité-là seroit terrible ; mais dites-
moi. ma Sœur sçait donc que vous m'aimez?

I

DAMIS.

Il faut qu'on le lui ait dit, ou qu'elle l'ait soupçonné dans nos conversations, & qu'elle ait voulu m'encourager à vous le dire.

LUCILE

Hum! si elle a soupçonné que vous m'aimiez, je suis sûre qu'elle se sera doutée que j'y suis sensible.

DAMIS *en lui baisant la main.*

Ah! Lucile, que viens-je d'entendre! dans quel ravissement me jettez-vous!

LUCILE.

Notre Avanture fera rire, mais notre amour m'en console; je crois qu'on vient.

SCENE DERNIERE.

M. ORGON, M. ERGASTE, PHENICE,
DAMIS, LISETTE, FRONTAIN, LUCILE.

M. ERGASTE

ALlons, mon Fils, hâtez-vous de combler ma joye, & venez signer votre bonheur.

DAMIS.

Mon Pere, il n'est plus question de Mariage avec Madame, elle n'y a jamais pensé, & mon cœur n'appartient qu'à Lucile.

M. ORGON.

Qu'à Lucile?

LISETTE.

Oüi, Monsieur, à elle-même, qui ne le refusera pas; mariez hardiment, tantôt nous vous dirons le reste.

M. ORGON.

Estes-vous d'accord de ce qu'on dit-là, ma Fille?

LUCILE. *donnant la main à Damis.*

Ne me demandez point d'autre réponse, mon Pere.

FRONTAIN.

Eh bien Lisette, qu'en fera-t'il?

LISETTE *lui donnant la main.*

Ne me demande point d'autre réponse.

FIN.

CATALOGUE

Des Livres amusans qui se vendent chez le même
Libraire.

De Monsieur DE MARIVAUX.

LEs Avantures de * * * ou les effets surprenans
de la Sympatie. 5 vol. in 12.

La Voiture embourbée, ou le Roman inprom-
ptu. in 12.

L'Homere travesti, ou l'Illiade en Vers Burles-
ques 2 vol in 12. *avec figures.*

Le Spectateur François. 2 vol. in 12.

La Vie de Marianne, premiere Partie.
On donnera incessamment la suite.

Pharsamon, ou les nouvelles Folies Romanes-
ques 2 vol. in 12. *sous Presse.*

Pieces du Theatre François.

Annibal, Tragedie.

Le Dénoument imprévû, Comedie.

L'Isle de la Raison, ou les Petits Hommes, Com.

La seconde Surprise de l'Amour, Comedie.

La Réunion des Amours, Comedie. 1731.

Les Sermens indiscrets, Comedie, 1732.

Comedies du Theatre Italien.

Arlequin poli par l'A- | L'Isle des Esclaves.
mour. | L'Heritier de Village.
La surprise de l'Amour. | Le Jeu de l'Amour & du
La double inconstance. | Hazard.
Le Prince travesti. | Le Triomphe de l'A-
La fausse Suivante. | mour. 1732.

De Monsieur GRANDVAL

Le Vice puni, ou Cartouche, Poëme. in 8. *fig.*

—— le même in 8. *sans figures.*

Essai sur le bon goût en Musique. in 12. 1732.

De Monsieur DE BOISSY.

Le Je ne sçai quoi, Comedie, *representée sur le
Theatre des Comediens Italiens en 1731. in 8.
avec l'Estampe de Mlle Sylvia, & de Tomassin.*

La Critique, Comedie; avec le Prologue du Superstitieux, *pour le même Theatre.* in 8. 1732.

De *Monsieur* DE CREBILLON.

Lettres de Madame la Marquise de '*' à Monsieur le Comte de R. 2 vol. in 12. 1732.

De *Monsieur* N. DE LA ROCHELLE.

Histoire de Demetrius Czar de Moscovie. in 12.

La Duchesse de Capoue. in 12. 1732.

De *Monsieur* T '** G. D. T:

La Vie de Pedrille del Campo, Roman Comique, dans le goût Espagnol. in 12. *avec fig.*

De *Monsieur* DE P***.

Melisthenes, ou l'Illustre Persan in 12. 1732.

De *Madame* DURAND.

Les Belles Grecques. in 12. *avec figures.*

Henry, Duc des Vandales. in 12. *avec figures.*

On réimprime les suivans.

Memoires secrets de la Cour de Charles VII. 2. vol. in 12.

Le Comte de Cardonne. in 12.

La Comtesse de Mortane. 2 vol. in 12.

Le Voyage de Campagne. 2 vol. in 12.

Les petits Soupers de l'Eté. 2 vol. in 12.

Oeuvres mêlées. in 12.

De *Madame la Marquise* DE L***.

Histoire de Tullie, fille de Ciceron. in 12.

Homere en Arbitrage. *Brochure* in 12.

De *Madame* DE CH***.

La Fidelité récompensée, Histoire Portugaise, in 12. 1732.

De *Madame* DE GOMEZ.

Histoire secrette de la Conquête de Grenade. 12.

Les Journées amusantes. 8 vol. in 12. *avec fig.*

Anecdotes Persannes. 2 vol. in 12.

Crementine, Reine de Sanga 2. vol. in 12. *fig.*

Oeuvres mêlées, contenant ses Tragedies, &c.

Histoire d'Osman, Empereur des Turcs 2. vol.

in 12. *sous Presse.*

Le Triomphe de l'Eloquence. *Brochure.*

Entretiens nocturnes de Mercure & de la Renommée, au Jardin des Thuileries, *Brochure.*

Lettre sur le Poëme de Clovis. *Brochure.*

Réflexions sur la Tragedie d'Ines de Castro, Tragedie. *Brochure.*

Réponse aux sentimens d'un Spectateur sur la même Piece. *Brochure.*

De Monsieur GUEULETTE.

Les Contes Tartares. 3 vol. in 12. *figures.*

Les Contes Chinois. 2 vol. in 12. *avec figures,*

Les Contes Mogols. 3 vol. in 12. 1732.

De differens Auteurs.

L'Amante retrouvée, Opera Comique.

Apologie des Bêtes, ou leur connoissance & raisonnement, prouvés contre le Systême des Carthésiens, Ouvrage en Vers. in 8. 1732.

Argenis, Roman Heroïque. 2 vol. in 12. *fig.*

Ariane. 3 vol. in 12. *avec figures.*

Avantures de Dom Antonio de Buffalis. in 12.

—— du jeune Comte de Lancastel. in 12.

—— choisies. in 12. *avec figures.* 1732.

On imprime le second volume.

—— des trois Princes de Sarendip. in 12. *fig.*

Contes Arabes, 12 vol. in 12.

—— Persans. 5 vol. in 12.

—— des Fées 8 vol. in 12.

—— de Perrault. in 12.

——- Egyptien. *Brochure.*

—— d'Eutrapel, avec les Propos Rustiques de Ragot, Capitaine des Gueux. Belle Edition, 3 vol. in 12. 1732.

Critique du Poëme de Cartouche, in 8.

Dialogue des Vivans. in 12.

Eloge de la Folie. in 12. *avec figures.* 1731.

Epitres Heroïques d'Ovide nouvellement traduites en Vers par M. L. in 12. 1732.

Fables de la Fontaine. 3 vol. in 8. *avec figures.*
——— les mêmes in 8. 2 vol. *sans figures.*
——— les mêmes in 12. 1 vol.
——— d'Esope avec les Quatrains du Labyrin-
the de Versailles. in 12. *avec figures.* 1732.
Gonigam, ou l'Homme prodigieux, 2. vol.
Gustave Vasa. in 12.
Grenier à sel de l'Esprit. in 12. 1731.
Histoire du Connétable de Lune. in 12.
——— de Domquichot, avec la suitte & les
nouvelles Avantures. 14 vol. in 12.
——— de Phalaris, & ses Lettres, 2 vol.
——— de Jean de Bourbon, P. de Carency, in 12.
——— de Madame de Gondez, 2 vol. in 12.
Les Desesperés, 2 vol. in 12. 1732.
Les Geans, Poëme Epique, in 12.
Les Illustres Françoises. 3 vol. in 12.
Les Imperatrices Romaines. 3 vol. in 12.
Lettres Historiques sur les Spectacles 2 vol. in 12.
——— Amusantes écrites à un Millionnaire. 3 vol.
Memoire de Wordak, nouv. Edit. 2 vol. 1732.
Nouveautés dédiées à gens de differens états depuis la charuë jusqu'au Sceptre, contenant
50 Chapitres precedés d'autant d'Epitres
dedicatoires. 2 vol. in 12.
Oeuvres de Corneille. 10 vol. in 12.
——— de Racine. 2. vol.
——— de Moliere, de l'impression de Prault, in
12. 8 vol. 1730.
——— *Idem.* in 4. 6. vol. grand papier, avec Es-
tampes, Vignettes, Lettres grises & Fleurons
en tailles-douces, dessinés & gravés par les
meilleurs Maitres, *s'imprime actuellement
chez ledit Prault, & sera finie au commencement de l'année 1733.*
——— de Rabelais, nouvelle Edition, plus belle,
plus correcte & plus ample que les precedan-
tes, 6 vol. in 8. 1732.

—— de Legrand , 4 vol.
—— de Pavillon , in 12.
—— de Madame de Villedieu , 12 vol. in 12.
Oeuvres de Saint Evremont , 7 vol. in 12.
—— de M. de la Visclede , 2 vol. in 12.
Poësies de Chaulieu , in 8.
Roland le Furieux , 2 vol. in 12. *figures.*
—— L'Amoureux. in 12.
Rozelli , 4 vol. in 12. *figures.*
Tours de Maitre Gonin. 2 vol. in 12.
Traité sur la Magie , le Sortilége , les Possessions,
    Obsessions & Malefices , &c. in 12. 1732.
—— du Sublime , in 12. *sous presse.*
Zaïde 2 vol. in 12.

LIVRES D'HISTOIRE.

Abregé de la Bible , par Demandes & Rép. in 12.
Histoire du Peuple de Dieu , 7 vol. in 4.
Vie des Saints de Giry , fol. 3 vol.
—— *Idem.* en abregé , fol. 2 vol.
Vie de Saint François d'Assise ; in 4.
Histoire Universelle & Chronologique du Perr
    Petault , in 12. 5 vol.
—— du Monde , de Chevreau , 8 vol. in 12.
—— d'Herodote , in 12. 3 vol.
—— de Tucidide , in 12. 3 vol.
—— de Saluste , in 12.
Portraits Historiques des Hommes Illustres , de
    Baudelot , in 4.
Histoire Romaine , par Demandes & Réponses ,
    in 12. 2. vol.
La Vie de Sixte V. in 4. & 2 vol. in 12. *figures.*
Histoire Généalogique de la Maison Royale de
    France , des Pairs , des Grands Officiers de la
    Couronne & de la Maison du Roy , & des an-
    ciens Barons du Royaume, in fol. 9 vol. 1732.
Etat de la France , in 12. 5 vol.
Methode facile pour apprendre l'Histoire de
    France , par Demandes & réponses : avec une

Idée generale des Sciences, augmentée jusqu'en 1730. in 12.

Histoire de Mezeray, in 4. & in 12.

—— des Dauphins François, & des Princesses qui ont porté le nom de Dauphines, in 12.

Les Campagnes de M. le D. de Vendôme, in 12.

Histoire de la Milice Françoise, in 4. 2 vol. *fig.*

Les Privileges des Suisses, avec un Traité Historique & Politique des Alliances des Rois de France avec cette Nation, in 4. 1731.

Memoires du Sieur de Pontis, in 12. 2 vol.

Histoire de l'Empire, par Heiss, nouvelle Edition, continuée jusqu'en 1730. in 4. 3 vol.

—— *Idem.* 10 vol. in 12.

Histoire des Revolutions d'Espagne. 10 vol. in 12

—— de la Conquête du Mexique, in 12. 2 vol. *figures.* 1730.

—— de la découverte du Perou, in 12. 2 v. *fig.*

—— de Timurbek, Empereurs des Mogols & Tartares, in 12. 4 vol. *figures.*

GEOGRAPHIE.

Geographie universelle de Noblot, 6. vol. in 12. *avec Cartes.*

Le parfait Geographe, in 12. 2 vol. *avec Cartes.*

Methode pour apprendre la Geographie, in 12.

Dictionnaire de la France, in fol. 3 vol.

Nouveau Dénombrement du Royaume de France, in 4.

Description de Lisbonne, in 12. 1730.

VOYAGES.

Voyages de Meisson, 4. vol. *figures.*
  Le quatrième se vend separément.

—— de Robinson, 3 vol. *figures.*

—— de Marchais, en Guinée, redigés par le P. Labatte, 4. vol. *figures.*

—— de Coréal, in 12. 2. vol. *figures.*

—— de Bellerive, in 12.

Découverte de l'Emp. de Canthar, in 12. 1731.

✳❀✳❀✳❀✳❀✳❀✳❀✳❀✳❀✳❀✳❀✳❀✳❀✳❀✳

APPROBATION.

J'AY lû par ordre de Monseigneur le Garde des Sceaux *les Sermens indiscrets*, *Comedie*, & je n'y ai rien trouvé qui puisse en empêcher l'impression. Fait à Paris le 28 Juin 1732.
Signé, GALLYOT.

PRIVILEGE DU ROI.

LOUIS, par la grace de Dieu, Roi de France & de Navarre. A nos Amés & féaux Conseillers les Gens tenans nos Cours de Parlement, Maîtres des Requêtes ordinaires de notre Hôtel, Grand Conseil, Prevôt de Paris, Baillifs, Seneschaux, leurs Lieutenans Civils & autres nos Justiciers qu'il appartiendra, SALUT. Notre bien amé PIERRE PRAULT, Libraire & Imprimeur à Paris, Nous ayant fait remontrer qu'il souhaiteroit faire imprimer ou imprimer & donner au Public, un Ouvrage qui a pour titre, *les Oeuvres du Sieur de Marivaux*, *La Vie de Marianne*, &c. s'il Nous plaisoit lui accorder nos Lettres de Privilege sur ce necessaires, offrant pour cet effet de le faire imprimer en bon papier & beaux caracteres, suivant la feuille imprimée & attachée pour modele sous le contre-scel des Presentes: A ces causes, Voulant traiter favorablement ledit Exposant, Nous lui avons permis & permettons par ces Presentes de faire imprimer ledit Ouvrage ci-dessus specifié, en un ou plusieurs Volumes, conjointement ou separement, & autant de fois que bon lui semblera, sur papier & caracteres conformes à ladite feuille imprimée & attachée sous notredit Contre-scel, & de le vendre, faire vendre & debiter par tout notre Royaume pendant le tems de six années consecutives, à compter du jour de la date desd. Presentes: Faisons défenses à toutes sortes de personnes de quelque qualité & condition qu'elles soient, d'en introduire d'impression étrangere dans aucun lieu de notre obeïssance: comme aussi à tous Libraires, Imprimeurs & autres, d'imprimer, faire imprimer, vendre, faire vendre, debiter ni contrefaire ledit Ouvrage ci-dessus exposé en tout ni en partie, ni d'en faire aucuns extraits, sous quelque pretexte que ce soit, d'augmentation, correction, changement de titre, ou autrement, sans la permission expresse & par écrit dudit Exposant, ou de ceux qui auront droit de lui, à peine de confiscation des Exemplaires contrefaits, de quinze cens livres d'amende contre chacun des contrevenans, dont un tiers à Nous, un tiers à l'Hôtel-Dieu de Paris, l'au-

tre tiert audit Exposant, & de tous dépens, dommages & intérêts; à la charge que ces Présentes seront enregistrées tout au long sur le Registre de la Communauté des Libraires & Imprimeurs de Paris, dans trois mois de la datte d'icelles; que l'impression de ces Ouvrages sera faite dans notre Royaume & non ailleurs, & que l'Impetrant se conformera en tout aux Reglemens de la Librairie, & notamment à celui du 10 Avril 1725. & qu'avant que de l'exposer en vente, les Manuscrits ou Imprimés qui auront servi de copies à l'impression desdits Livres seront remis dans le même état où les Aprobations y auront été données, ès mains de notre très-cher & féal Chevalier Garde des Sceaux de France, le Sieur Chauvelin; & qu'il en sera ensuite remis deux Exemplaires de chacun dans notre Bibliotheque publique, un dans celle de notre Château du Louvre, & un dans celle de notre très-cher & féal Chevalier Garde des Sceaux de France, le Sieur Chauvelin, le tout à peine de nullité des Présentes; Du contenu desquelles vous mandons & enjoignons de faire joüir led. Exposant ou ses ayans cause pleinement & paisiblement, sans souffrir qu'il leur soit fait aucun trouble ou empêchement. Voulons que la Copie desdites Présentes, qui sera imprimée tout au long au commencement ou à la fin dudit Ouvrage, soit tenuë pour düement signifiée; & qu'aux copies collationnées par l'un de nos amés & féaux Conseillers & Secretaires, foi soit ajoûtée comme à l'Original: Commandons au premier notre Huissier ou Sergent, de faire pour l'execution d'icelles tous Actes requis & necessaires, sans demander autre permission, & nonobstant clameur de Haro, Charte Normande, & Lettres à ce contraires: CAR tel est notre plaisir DONNE' à Fontainebleau le dix-neuviéme jour du mois de Juillet, l'an de grace mil sept cens trente-un, & de notre Regne, le seiziéme. Par le Roy en son Conseil.
Signé, VERNIER.

Registré sur le Registre VIII. de la Chambre Royale des Libraires & Imprimeurs de Paris, N. 212. Fol. 204 conformément aux anciens Reglemens, confirmés par celui du 28. Février 1723.
A Paris le 9. Aoust 1731.
Signé, P. A. LE MERCIER, Syndic.

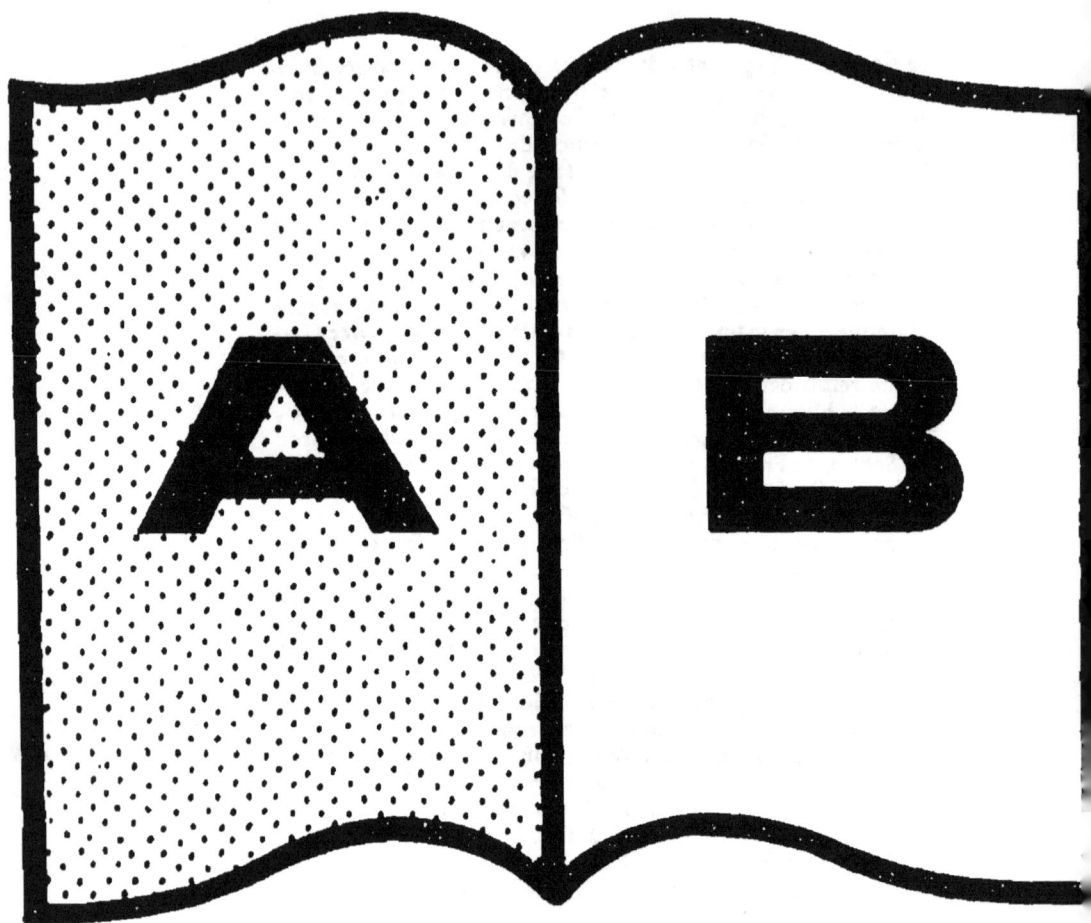

Contraste insuffisant

NF Z 43-120-14

www.ingramcontent.com/pod-product-compliance
Lightning Source LLC
Chambersburg PA
CBHW060609100426
42744CB00008B/1371